BUSINESS IS ... WAR

BUSINESS IS ... WAR
숨막히는 기업 경영 이야기

초판 제1쇄 발행 2004년 12월 5일
초판 제2쇄 발행 2005년 2월 1일

지은이 | 로버트 F. 하틀리
옮긴이 | 김민주, 송희령
펴낸이 | 조철선

펴낸곳 | (주)아인앤컴퍼니
등록번호 | 제22-2451호
주소 | 서울특별시 서초구 양재2동 275-1 삼호물산 A동 1816호
전화 | 02-589-0130   팩스 | 02-589-0131
E-mail | books@einandcompany.com
홈페이지 | www.einandcompany.com

인쇄 · 제본 | (주)아트정글

ISBN 89-91042-06-6 03320
값 14,500원

* 이 책은 Management Mistakes and Successes 7th Edition의 일부를 번역 · 출간한 것임을
밝힙니다.

BUSINESS IS ... WAR

숨막히는 기업 경영 이야기

로버트 F. 하틀리 지음 | 김민주·송희령 옮김

EIN and **Company**

'실패에서 배운다' 시리즈 발간에 부쳐

에디슨은 전구를 발명하기 위해 2,000번의 실패를 겪었다고 합니다. 에디슨이 전구를 발명한 후, 기자가 에디슨에게 "2,000번이나 실패하셨으면서 중간에 포기할 생각은 안 하셨습니까?"라고 묻자 에디슨은 "실패라니요. 전 단지 2,000번의 과정을 거쳤을 뿐입니다."라고 했답니다. 그는 실패를 단순히 실패라고, 끝난 것이라고 생각하지 않고 성공을 위한 발판으로 삼았던 것입니다. 그는 우리에게 친숙한 '실패는 성공의 어머니'란 말을 남긴 것으로도 유명합니다.

우리는 실패를 타산지석, 반면교사로 삼아야 한다는 주장은 많이 하면서도 아직까지 실패에서 교훈을 얻으려는 풍토는 만들지 못한 것이 사실입니다. 실패를 통해 새로운 창조를 이끌어내기는커녕 같은 실수와 실패를 반복하고 있는 것입니다.

사실 실패한 경험은 성공으로 판명된 결과만큼 소중하며, 우리는 보통 성공보다는 실패로부터 더 많은 것을 배웁니다. 우리들 대부분은 많은 정력과 시간, 돈을 투자했던 계획이 수포로 돌아가면 모든 것이 끝났다고 생각합니다. 하지만 실패를 모든 것이 끝난 것으로 보아서는 안 되고, 많은 것을 배울 수 있는 기회로 삼아야 합니다. 또한 당신의 실패는 당신과 유사한 상황에 있는 다른 이에게는 직접 경험하지 않고도 소중한 교훈을 얻을 수 있는 간접경험이 됩니다.

우리는 성공을 칭송하며 월계관을 씌워주는 데는 익숙하지만, 실패는 경원시하고 사장시킵니다. 기업들도 성공 사례의 분석에는 상당한 에너지를 투입하지만 실패 사례의 분석은 일회성으로 그치는 경향이 있습니다. 이렇듯 실패에 대한 우리 사회의 자세는 아직 원시적인 수준에 머물러 있습니다.

어떤 일이나 기업도 성공만으로 점철될 수는 없으며 대부분 80의 실패와 20의 성공으로 이루어집니다. 우리 사회와 경제가 한 단계 더 도약하려면 이제 실패를 다루는 태도를 바꾸어야 합니다. 실패를 타산지석으로 삼아 반복되는 실패를 방지하고, 나아가 새로운 창조를 이끌어내는 사회가 되어야 합니다. "나는 실패했다는 이유만으로 누구를 나무란 적이 없습니다. 실패는 나쁜 것이 아닙니다. 실패는 집안을 꾸려가고, 인생을 설계하고, 회사를 경영하는 데 소중한 자산입니다. 그러나 그것을 묻어두는 행위는 매우 나쁜 것입니다." 이와 같은 이건희 삼성그룹 회장의 말처럼 실패는 '더 큰 성공을 위한 신의 선물'이며 똑같은 실수를 반복하지 말라는 '고효율의 과실'입니다.

실제로 성공 사례는 실제 상황에서는 적용능력이 떨어지는 데 반해, 실패 사례를 학습하는 것은 실패하지 않는 방법뿐만 아니라 성공하는 법까지 함께 생각하게 하기 때문에 현실적으로 훨씬 도움이 된다고 합니다.

이런 취지에서 경영 각 분야의 실패 사례집을 '실패에서 배운다' 라는 이름의 시리즈로 출간하게 되었습니다. 경영 실패 사례를 책으로 묶어내는 것은 우리나라에서는 아직 생소하지만, 미국·일본 등 선진국에서는 오래 전부터 활발하게 이루어져왔습니다. '실패에서 배운다' 시리즈는 외국에서 출간되었던 우수한 경영 실패 사례집을 선정하여 번역·출간함은 물론, 국내의 우수한 필진이 참여한 국내 실패 사례집도 출간할 예정입니다.

'실패에서 배운다' 시리즈가 다룰 분야는 다음과 같습니다.

- 창 업 편
- 리 더 십 편
- 마 케 팅 편
- 영업관리 편
- 국제경영 편
- 경영일반 편
- 변화관리 편
- 삶의지혜 편

- 경력관리 편
- 재 테 크 편

　'실패에서 배운다' 시리즈가 실패를 '명실상부한 성공의 어머니'로 자리매김하게 하는 디딤돌이 되기를 바라며, 기업 일선에서 실패를 겪으면서도 꿋꿋이 털고 일어나 다시 시작하시는 모든 분들께 도움이 되기를 바라는 마음입니다.

(주) 아인앤컴퍼니
조철선

머리말

Management Mistakes and Successes는 1983년 초판이 출간된 후 20년 만에 7판이 나왔다. 판을 거듭하며 계속 출판되는 것을 보면, 경영상의 실수에 대한 관심이 적지 않은 모양이다.

이 책의 1판부터 7판까지를 모두 읽은 사람이 혹시 있을지 궁금하다. 그런 분이 계시다면, 꼭 연락을 주시기 바란다. 이 책을 읽고 있는 독자들 중 상당수는 이미 7판까지 중 어느 한 권, 또는 여러 권을 읽은 사람들일 것이다. 그런 독자들도 이 개정판에서 새로운 정보를 찾을 수 있으리라고 믿는다.

초기에는 주로 경영상의 실수를 분석하다가 성공사례도 연구하고 있는데, 새롭게 편집을 할 때마다 어떻게 하면 더 신선하고 흥미 있으며 좋은 교훈을 줄 수 있는 사례를 넣을지 고민이 된다. 고민이기도 하고 즐거움이기도 한 그런 작업이 벌써 20년째 계속되고 있다. 저자로서, 관심과 토론을 불러일으켰던 흥미 있는 사례를 책에서 빼내야 하는 일은 고통스러운 일이다. 그러나 그런 사례가 빠져나가야 더 흥미 있고 새로운 사례가 들어올 자리가 생긴다. 경영상 심각한 위기에 봉착하는 사례나 새로운 기회를 포착하여 성공한 사례는 계속 나오기 때문에 오래된 사례는 새로운 사례에 자리를 양보할 수밖에 없다.

이 책을 교재로 사용하는 분들에게는 이 책이 여러분의 기대에 부응하는 효과적인 강의 도구가 되기를 진심으로 바란다. 사례를 담은 책들이 넘쳐나고 있기는 하지만, 강의를 하는 사람들과 학생들이 활용할 수 있는 책은 매우 드물다. 이 책은 자칫하면 현실과 거리가 먼 개념 중심으로 이루어질 수 있는 강의 시간을 현실적이며 살아 있는 토론의 장으로 만들어줄 것이다. 그리고 수업에 참여한 학생들 모두 올바른 결정을 내릴 수 있는 방법에 대해서 토론할 기회를 갖게 될 것이다.

로버트 F. 하틀리
클리블랜드 주립대학 명예교수
오하이오, 클리블랜드
RFHartley@aol.com

무엇을 배울 수 있을까?

실패사례를 분석하면서

병든 기업을 보면서, 아니면 건강하지만 갑작스럽게 경영상의 위기에 처한 기업들을 보면서 비난을 하기는 쉽다. 또 뒤늦게 해결책을 제시하며 그들의 결정을 비판하기도 쉽다. 사실, 문제를 겪고 있는 기업의 결정 과정을 보면, 그리고 그 기업이 처해 있는 치열한 경쟁 분위기를 보면, 그런 실수를 피할 수는 없었을 거라는 생각이 든다.

실수는 소극적인 실수와 적극적인 실수로 분류될 수 있다. 소극적인 실수(Mistakes of omission), 또는 무작위 실수란, 기업을 둘러싼 환경이 변화하고 있는데도 아무 대책도 수립하지 않은 채 현상유지에 급급함으로써 저질러진 실수를 말한다. 그런 실수는 보수적인 경영을 하는 기업에서 쉽게 찾아볼 수 있는데, 이런 실수는 쉽게 눈에 띄지 않는다. 다시 말해서, 큰 소용돌이에 갑작스럽게 휘말리는 것이 아니고, 기업의 경쟁력이 서서히 약해지면서 그 영향력이 기업 전체에 미쳐 결국 기업을 무기력하게 만드는 것이다. 이런 기업의 경우, 대개는 과거의 영화를 되찾지 못한다. (물론 때로는 기적적으로 과거의 영광을 되찾기도 한다.)

적극적인 실수(Mistakes of commission), 또는 작위적인 실수는 소극적인 실수와 달리 금방 눈에 띈다. 지나치게 성급한 결정을 내렸을 경우, 어떤 결정의 후속 조치를 제대로 취하지 못했을 경우, 그리고 기업을 잘못된 방향으로 확장했을 경우 등에 이런 실수가 발생한다. 소극적 실수로 인하여 약화된 경쟁력에 대해서는 정확히 그 결과를 계산하기가 쉽지 않은 반면, 적극적 실수로 인한 비용은 보통 쉽게 평가할 수 있다.

실수를 저질렀어도, 유능한 경영진을 둔 기업은 위기에 현명하게 대처해 나갈 수 있다. 그러한 위기 대처에는 다음과 같은 특징이 있다.

1. 현재의 문제, 또는 앞으로 다가올지 모를 문제를 신속하게 파악한다.
2. 문제의 원인을 상세하고 조심스럽게 파악한다.
3. 기업의 재무상황이나 조건에 맞추어 문제를 시정하기 위한 해결책들을 준비한다.
4. 대책은 신속하게 실천에 옮긴다. 때로는 이를 위해 제품, 조직 등 실수가 있는 부분에 대해 과감한 결단을 내린다.
5. 실수로부터 교훈을 얻는다. 그리하여 같은 실수가 반복되지 않으며, 향후 회사의 실적은 향상되고, 조직은 강화된다.

문제가 발생하고 있는데도 이를 제때에 인정하지 않는 기업의 경우, 우리는 그 기업의 경영진이 중요한 전략적 포인트에 적절한 조처를 취할 수 있는 능력이 부족하지 않은지 의혹을 품게 된다. 예를 들어, 한 나라나 지역 또는 여러 나라나 지역에서 경쟁력이 떨어지는 경우, 즉시 무엇이 문제인지 원인을 규명해야 한다. 원인을 규명하고 시정조치를 취해야 하는데, 그 과정에 여러 달이 걸리면, 그 기업은 결국 영원한 패자가 될 수 있다. 물론, 어떻게 해야 할지 신호를 제대로 읽지 못할 수도 있고, 필요한 정보를 다 찾지 못할 수도 있다. 그러나 어떤 이유에서건 간에 꾸물거리는 바람에 대책이 늦어지는 경우, 기업은 돌이킬 수 없는 상황에 처하고 만다.

문제가 있다는 사실을 신속하게 인정하면, 그 문제의 원인, 즉 '왜' 예상치도 않았던 결과가 야기되었는지를 신속하게 규명할 수 있다. 여기서 조심해야 할 것은 문제의 원인이 확실하게 규명되기 전까지는 섣부르게 어떤 조치를 취하면 안 된다는 것이다. 기업의 경쟁력이 하락했던 사례들을 살펴보면, 그 근본적인 원인은 원활하지 못한 상품배달, 형편없는 품질관리, 경쟁력 없는 가격, 그리고 무능한 영업사원들에 있는 경우가 많다.

일단 문제의 원인이 규명되면, 문제를 해결할 수 있는 해결책이 마련되어야 한다. 이를 위해서는 고객들과 현장에서 일하는 직원들로부터 피드백을 받는 등 심도 있는 조사를 해야 한다. 이렇게 수립된 대책은 가능한 객관적이어야 하며, 신속하게 처리되어야 한다. 대책이 늦어지면 상처는 더 곪고 병은 더 깊어진다.

대책이 실천에 옮겨지고 드디어 문제가 해결되었다. 그런 경우에도 그에 만족하지 말고 실수에서 교훈을 얻어야 한다. 한 성공한 기업의 부사장은 내게 다음과 같은 말을 했다.

나는 부하직원들에게 가능한 많은 결정의 기회를 주려고 노력한다. 때로는 내가 너무 많은 권한을 그들에게 양도하는 것은 아닌가 하는 의문이 들 때가 있다. 물론 그들은 실수도 하고, 어느 때는 그들이 내린 결정에 문제가 있을 때도 있다. 그러나 나는 그들을 지나치게 다그치지 않는다. 실수도 배우는 과정이기 때문이다. 그러나 같은 실수를 반복하는 경우, 그 사람은 과거의 실수에서 아무것도 배우지 못했다는 것을 의미한다. 그런 사람을 보면 나는 '이 사람은 고위 경영진에서 일할 수 있는 자질이 없는 사람이구나'하고 평가할 수밖에 없다.

성공사례를 분석하면서

성공사례에는 대개 눈앞에 닥친 문제에 대한 해결책을 찾아가는 과정이 없기 때문에, 사람들은 성공사례보다는 실패사례에 더 관심을 갖는다. 그러나 성공사례에도 관심을 가질 필요가 있다. 성공사례들을 분석하면서 우리는 다음과 같은 질문을 던지고 이에 대한 답변을 찾아야 한다.

어떻게 그런 방안이 성공을 거두었을까?

- 환경적 요인 때문이었을까? 그렇다면 어떻게 그것이 가능했을까?
- 특별한 연구 덕분이었을까? 그렇다면 무슨 연구를 어떻게 했을까?
- 특별한 공정이나 생산과정에서의 노력 덕분이었을까? 그렇다면 그런 노력을 우리 회사에서는 어떻게 할 수 있을까?
- 특별한 전략적 요소―서비스나 판촉행사, 또는 유통방법 등―때문이었을까? 그렇다면 어떻게 그것이 가능했을까?

• 여러 전략적 요소가 결합되었기 때문이었을까? 그렇다면 어떻게 그것이 가능했을까?

그런 상황은 그 기업에만 한정된 것이어서 다른 기업에는 그런 성공의 기회가 절대 오지 않을까?

• 분석 결과 만일 그런 성공이 특별한 상황에서만 가능한 것이 아니라는 결론에 도달했다면, 어떻게 그 성공 테크닉을 미래에, 또는 현재 우리 회사에 도입할 수 있을까?

다음 질문에 답해봅시다

❶ 기업이 실수를 저지르지 않는 것 자체가 불가능하다고 생각하는가? 그렇게 생각하면 그 이유를, 그렇지 않다고 생각하면 그 이유를 제시하시오.

❷ 어떻게 하면 기업이 발생할지도 모를 문제를 신속하게 파악하여 조치를 취할 수 있다고 생각하는가? 가능하면 구체적으로 방안을 제시하시오.

❸ 대기업들은 보수적 성향이 강하다 보니 아무래도 중소기업보다는 시정 조치를 취하는 데 시간이 더 오래 걸린다. 왜 그렇다고 생각하는가?

❹ 소극적인 실수와 적극적인 실수, 이 두 종류의 실수 중에서 어느 쪽이 기업에게 더 큰 피해와 부담을 준다고 생각하는가? 그렇게 생각하는 이유는 무엇인가?

❺ 생각보다 많은 기업들이 성공을 하다가도 결국 성공패턴을 잃어버리고 만다. 어째서 성공을 더 오랫동안 지속할 수 없는 것일까?

이 책은 어떻게 구성되어 있나?

이 책은 총 일곱 개의 장(章)으로 구성되어 있다. 일곱 개의 장은 창업과 성장, 위기관리, 변화, 인수합병 등에서 실패하거나 성공한 사례, 그리고 과거의 실패에서 배우지 못하고 유사한 실수를 답습하고 있는 사례 등을 다루고 있다.

각장의 내용은 경영의 특정 단계에서 한 기업이 실패하거나 성공한 사례를 자세한 자료를 동원해가며 분석적이고 구체적으로 서술하고 있다. 사례 분석이 끝난 후에는 사례에 대해 결론을 내림으로써 그 사례의 문제점은 무엇이며 배울 점은 무엇인지를 일목요연하게 정리한다. 특별한 개념이나 이슈는 Information Box를 통해 자세히 소개하고 있기도 하다.

각장 마지막에는 그 장에서 만난 사례에 대해 다각도로 생각하고 토론해볼 수 있는 여러 가지 장치들이 마련되어 있다. '다음 질문에 답해봅시다' 코너와 '그때 내가 그 자리에 있었다면' 코너를 통해서 사례와 관련한 여러 질문들에 대한 답변을 적극적으로 찾아볼 수 있고, 특정 인물이 되어 어려운 상황을 헤쳐나가는 법을 연습할 수도 있다. 또한 '그룹 토론을 해봅시다' 코너에서는 특정 행동전략이나 이슈를 놓고 몇 명이서 찬반 토론을 할 수 있도록 했다. 그리고 맨 마지막에는 '추가로 더 연구해봅시다' 코너가 있어서 이 책에 소개된 이후에 상황이 어떻게 변했는지를 찾아보고 연구할 수 있도록 하고 있다.

독자들은 이와 같은 다양한 토론과 실습을 통해 단순히 사례에 대해서 읽고 끝내는 것이 아니라 어떻게 하면 유사한 실패의 함정에 빠지지 않고 성공의 길로 갈 수 있을지를 배울 수 있을 것이다. 그리하여 미래에 훌륭한 경영인이자 결정권자가 될 수 있을 것이다.

| 차례 |

1

성공적인 창업과 성장사례

- 사무용품 전문매장 오피스맥스

• 성공적인 경영은 생각만큼 쉽지 않다

• 비록 환상일지라도, 성장하는 기업이라는 이미지에는 힘이 있다

• 대고객 관계에 있어서는 다른 기업보다 항상 앞서가야 한다

• '날씬하고 효율적인' 경영의 힘은 크다

• 헌신적인 직원들은 기업에게 큰 힘이 된다

• 시장 포화상태를 늘 경계해야 한다

마이클 퓨어에게는 오래 전부터 꿈이 하나 있었다. 그것은 자신의 사업을 하는 것이었다. 그 오랜 꿈은 그의 나이 42세가 되어서야 이루어졌다. 드디어 지겨웠던 직장생활을 때려치우고 오랫동안 간직했던 꿈을 실현시키게 된 것이다.

퓨어가 직장생활을 시작한 것은 그로부터 17년 전이었는데, 그의 첫 직장은 미국 내에 600개의 체인을 보유한 파브리 센터스 오브 아메리카(Fabri-Centers of America)였다. 이 회사에 입사한 퓨어는 계속해서 고속 승진을 했다. 그러나 후에 그는 당시의 직장생활을 회고하면서, 일하는 내내 '나의 길을 가고 싶다'는 생각 때문에 고통스러웠다고 고백했다.

그는 특히 해고당하지 않으려고 배경이나 줄을 지닌 사람들에게 아부하느라 제대로 일하지 못하는 중역들을 보는 것에 신물이 났다. 스스로가 기업체의 오너가 되어 적당히 직장생활에 만족하는 삶에서 벗어날 수 있다면, 자신의 잠재력이 무시당하는 직장생활에서 빠져나올 수만 있다면 얼마나 좋을까, 그는 매일 생각했다. 그러나 그에게는 매달 자신과 가족을 먹여살리는 월급봉투를 외면할 만한 용기와 자부심이 없었다. "나는 어쩌면 진정한 경영자가 될 자격이 없는 사람인지 모른다. 왜냐하면 경영인이라면 절대 갖지 말아야 할 '실패하면 어쩌나 하는 두려움'에 늘 시달렸기 때문이다." [1]

자신의 사업을 해야겠다는 생각에 사로잡힌 퓨어에게 대기업으로부터 거액의 연봉 제의가 수없이 들어왔다. 그러나 그는 모두 거절했다. 실패를 하든 성공을 하든 자신의 사업을 하고 싶다는 열망이 점점 커져갔기 때문이다. 그러나 사업가로서의 길을 선택한 후, 전혀 경험이 없는 상태에서 사업을 시작하는 것이 얼마나 어려운지를 절실하게 깨달았다.

드디어 창업

퓨어는 사업 파트너로 로버트 허위츠를 정했다. 두 사람은 사무용품의 판매 및 유통구조에 많은 허점이 있다는 사실을 발견했다. 기존 유통구조를 살펴보면, 사무용품은 제조공장에서 도매업체나 유통업체에 넘겨지고, 이것이 소매업을 하는 문방구로 넘겨지는 형태를 띠고 있었다. 유통단계가 이렇게 길고 복잡하면 최종 소비자들은 비싼 가격에 문구를 구입할 수밖에 없었다. 퓨어는 이러한 유통구조를 예전에 동네 초입에 있던 '할머니 할아버지가 운영하던 구식 구멍가게' 같은 구조라고 생각했고, 이런 구조는 좀더 효율적이고 상품 가격이 저렴한 대형 상점식으로 바뀌어야 한다고 생각했다. 다시 말해 중간 유통업체나 도매업체를 건너뛰고 제조업체에서 물건을 받아 소비자에게 바로 판매하는 유통구조가 도입되어야 한다는 생각을 한 것이다.

퓨어와 허위츠(허위츠는 이제 이 회사에서 풀타임으로 일하지 않는다)는 50명의 투자가들로부터 3백만 달러의 창업자금을 모았는데, 이 투자가들 중에는 친구들과 가족뿐 아니라 의사나 법률가들도 상당수 포함되어 있었다. 두 창업자는 금융기관에서 대출을 받지도 않았을 뿐더러 벤처 캐피털리스트의 자금도 받지 않았다. 창업주들이 일반적으로 선택하는 벤처 캐피털을 선택하지 않은 이유는, 회사 경영권에 대해 간섭받고 싶지 않았기 때문이다. 창업하는 기업들은 벤처 캐피털을 선택할 경우 주요 결정을 내릴 때마다 자금주들이 사사건건 개입할 것이라는 사실을 알면서도 이들 전문 투자가들로부터 자금을 받는다. 벤처 캐피털리스트가 아니면 창업자들에게 돈을 투자하는 모험을 하려 들지 않기 때문이다. 다음 페이지에 이어지는 Information Box에서는 중소기업 창업에 있어 벤처 캐피털리스트들의 역할에 대해 살펴보기로 하자.

퓨어와 허위츠는 자신들 앞에 놓여 있는 기회가 얼마나 좋은 기회인지 깨달았는데, 그런 기회를 발견한 사람들은 이들 둘만이 아니었다. 1988년 5월에는 무려 15개 회사가 대형 사무용품 매장 시장에 새롭게 뛰어들었는데, 오피스맥스는 이 15개 회사들 중 14번째로 등장한 회사였다. "우리가 맨 꼴찌일 거라고 생각했는데 우리 뒤에 또 한 회사가 있었다. 그 회사도 우리처럼 매장 하나 없이 이 사업에 뛰어들었다."[2]

퓨어와 허위츠는 겨우 500평방피트밖에 안 되는 벽돌 창고에서 사업을 시작했다. 이 건물은 겨울에는 난방이 잘 되지 않았고, 여름에는 냉방도 되지 않았다. 사무실에는 변변한 가구 하나 없이 커피 메이커와 복사기만 놓여 있었다. 팩스조차 없었다. 화장실도 남녀 공용으로 사용할 수밖에 없었다. 두 개의 화장실을 만들기에는 공간이 너무 좁았기 때문이다. 창업 후 일곱 명의 직원들을 뽑을 때 퓨어와 허위츠는 농담 반 진담 반으로 밥을 조금 먹느냐는 질문을 던졌다. 월급을 많이 줄 수 없었기 때문이었다. 대신 퓨어는 회사의 사정이 나아지면 꼭 그 결과를 공유하겠다고 약속했다. 이들 일곱 명의 직원들은 리더에 대한 믿음과 미래에 대한 희망만으로 기꺼이 이 회사에서 일할 결심을 했다. 퓨어는 한 부사장 후보를 인터뷰 했을 때의 에피소드에 대해 이야기하곤 하는데, 그 후보는 1988년 창업 당시 열악한 환경을 보고 퓨어의 부사장직 제의를 단번에 거절했다. 그 직책을 수락했더라면 1993년쯤 그는 수백만 달러를 벌 수 있었을 텐데.

창업 첫 해

50명의 투자가들로부터 3백만 달러의 자금을 거두어들였으나, 그 돈만으로는 모든 경비를 충당할 수 없었다. 경비를 쪼개 쓰는 것도 쉬운 일은 아니었지만, 오피스맥스에게 가장 힘든 일은 클리블랜드에 막 자리를 잡은 이 신생기업과 거래하는 것이 얼마나 괜찮은 일인지를 제조업체들에게 설득하는 일이었다. 대부분의 제조업체들은 기존의 유통채널에 만족하고 있었기 때문에 들도 보도 못한 신생기업과 함께 일을 하려 하지 않았다.

이들 제조업체들을 설득하려면 오피스맥스가 얼마나 장래가 유망한 회사이며 오피스맥스와 함께 손잡고 일하는 것이 기존 유통업체들과 거래하는 것보다 얼마나 더 큰 이익을 가져다줄 것인지를 납득시켜야 했다. 오피스맥스는 그들에게 몇 년 안에 오피스맥스의 매장이 30개, 50개, 잘될 경우 300개도 될 수 있다고 설득했다. "우리는 우리를 돕는 길이 그들 자신을 위하는 길이라고 설득했다. 그리고 우리가 잘

벤처 캐피털리스트 : 창업자들을 돕는 구원 투수

창업자들이 창업을 하는 과정에서 당면하는 가장 큰 문제는 바로 자금조달 문제이다. 일반적으로 은행들은 입증이 안 된 새로운 업체에게 대출하기를 꺼린다. 특히 사업 경험이 전혀 없는 벤처기업에게는 거의 대출을 해주지 않는다. 그런데 대부분의 창업 희망자들에게는 넉넉한 창업자금이 없다. 그렇다면 도대체 어디에서 창업자금을 구할 수 있을까?

퓨어와 허위츠는 기꺼이 자금을 내놓은 50명의 투자가들로부터 사업자금을 조달했다. 그러나 대부분의 예비 사업가들에게 유일한 희망은 바로 벤처 캐피털리스트이다.

벤처 캐피털리스트들은 돈이 많은 개인 부자들(혹은 기업들)로, 이들은 높은 수익을 올릴 수 있는 투자처를 찾아 헤맨다. 이들은 높은 수익만 올릴 수 있다면 높은 위험도 기꺼이 감수한다. 이처럼 투자라기보다는 거의 투기에 가까운 결정을 하면서 신생 창업자들을 밀어주는 이유는, 성공만 하면 말 그대로 대박을 터뜨릴 수 있기 때문이다. 물론 그렇기 때문에 이들에게는 어떤 사업이 성공할 가능성이 큰지 골라내는 눈이 있다. 물론 일단 창업을 한 회사가 벤처 캐피털을 필요로 하는 경우, 투자자들의 투자 결정은 훨씬 쉬워진다. 그리고 사업을 시작한 회사의 성공 가능성이 크다고 판단되는 경우, 투자를 하겠다는 벤처 캐피털리스트들이 줄을 선다. 그러나 이러한 단계에 이르기 전까지 창업 희망자들은 종자돈을 구하느라 사방으로 뛰어다녀야 한다.

그렇다면 벤처 캐피털리스트들은 어떤 기준으로 투자할 업체를 정하는 것일까? "그들은 아이디어를 보는 것이 아니라 사람을 본다." 과거에 벤처 캐피털리스트로 활약했던 아서 록이 한 말이다. "내가 실패를 했을 때마다 그 이유는 잘못된 아이디어를 선택했기 때문이 아니라 잘못된 사람

들을 선택했기 때문이었다." **3**

그런 점에서 벤처 캐피털을 찾는 예비 창업자들은 아이디어뿐만 아니라 자기 자신을 판매하는 방법을 연구해야 한다. 자신을 솔직하게 내보이며 자신이 무슨 생각을 하고 있는지를 솔직하게 털어놓는 사람을 벤처 캐피털리스트들은 선호한다. 이런 사람들은 대개 현실을 직시하고 문제가 발생할 경우 적극적으로 대응을 한다. 장밋빛 꿈을 꾸거나 터무니없는 기대에 젖어 현실을 직시하지 못하는 사람들과는 다른 것이다.

그러나 벤처 캐피털에 의지하여 사업을 시작하는 사람들은 주요한 결정을 내릴 때마다 결정권을 포기해야 한다. 벤처 캐피털리스트들은 사업이 성공해야 투자금에 대한 수익을 얻을 수 있으므로 성공을 향해 가도록 끊임없이 간섭을 하기 때문이다. 물론 벤처 캐피털은 자금이 없는 창업자들에게는 간절하고 필수적인 자금이다. 그리고 벤처 캐피털리스트의 입장에서 보면 어느 창업자를 선택했느냐에 따라 성공과 실패의 갈림길에 놓이게 된다.

think about this

창업을 하려면 투자할 곳을 찾는 벤처 캐피털리스트에게 사업 계획을 팔아 투자를 하도록 설득해야 한다. 물론 이 과정에서 아이디어뿐만 아니라 자기 자신도 팔아야 한다. 그렇다면, 자신을 파는 연습을 한번 해보자. 새로운 사업 아이디어를 구상한 후, 사업계획서를 작성하고 미래의 투자가를 설득하는 시도를 해보자.

되면 그들은 더 큰 이익을 얻게 될 것이라고 강조했다."

그런 주장이 빈말이 아니고 충분히 가능성 있는 주장이라는 사실을 입증하기 위해서 오피스맥스는 자사가 안정된 회사이며 충분히 도약할 가능성이 있는 회사라는 사실을 보여주어야 했다. 이를 위해 퓨어는 클리블랜드에 있는 대형 은행을 설득해서 오피스맥스에게 크레딧 라인(credit line, 신용 공여 한도 - 역주)을 부여해달라고 사정했다. 크레딧 라인을 부여해주는 대신 은행 측은 조건을 하나 내걸었다. 오피스맥스가 절대 이 크레딧 라인을 사용하면 안 된다는 것이었다. 비록 사용은 할 수 없었지만, 대형 은행이 이제 막 탄생한 회사에게 크레딧 라인을 부여해주었다는 사실은 제조업체들에게 이 회사가 신용과 가능성이 있는 회사라는 믿음을 주었다. 제조업체들이 반응을 보이자 오피스맥스 측은 다른 신생기업들은 감히 상상조차 할 수 없는 조건을 제조업체에 제시했다. 제품 공급가를 할인해주되, 제품 구입 대금은 60일, 90일, 심지어는 120일짜리 어음으로 지급하겠다는 것이었다.

제록스(Xerox)는 1년 동안 제품 구입 대금을 받지 않겠다는 약속까지 했다. 다른 대부분의 제조업체들도 뻔뻔해 보일 만큼 대담한 오피스맥스의 요구를 수용했다. 물론 급성장을 할 것이라는 오피스맥스 측의 약속은 지켜졌고, 5년이 지난 후 제조업체들은 오피스맥스를 최고의 고객으로 대접하게 되었다. 오피스맥스의 가치가 이처럼 상승하자 제록스는 오피스맥스 전용 은행계좌를 열었고, 이 계좌는 CFO이자 사업본부장이 직접 챙기고 있다.

오피스맥스의 첫 매장은 창업한 지 3개월이 지난 1988년 7월 5일에 문을 열었다. 아이디어를 정리하고 장소를 물색하여 인테리어 작업을 한 다음 필요한 상품과 인력을 배치하는 데 많은 시간이 소요되는 점을 감안하면, 매우 짧은 시간에 이루어낸 성과였다. 퓨어는, 오피스맥스가 살아남기 위해서는 현금이 필요했는데, 그러기 위해서는 매장을 열어 돈을 벌어들이는 방법밖에 없었다고 설명하고 있다. 매장을 통해 직접 고객으로부터 돈을 벌어들일 수 있었을 뿐만 아니라, 투자가들과 공급업체들에게 이 회사가 대형 사무용품 전문매장으로 발전할 수 있다는 가능성을 심어주기 위해 서둘러 매장을 열었다는 것이다.

이러한 생각으로 문을 연 제1호 매장은 대성공이었다. 고객들은 저렴한 가격에 다양한 물건을 구입할 수 있는 오피스맥스의 매장 개념을 좋아했다. 오피스맥스는 오늘날 소위 사무용품 카테고리 킬러(Category Killer; 백화점이나 슈퍼마켓 등과 달리 특정 분야의 상품만을 특화해 저렴한 가격에 판매하는 매장으로, 기존의 유통체계를 파괴한다는 의미에서 이런 이름이 붙여졌다. - 주)라고 부르는 형태로 매장을 개점했던 것이다. 광고라고는 개점 이틀 전에 신문에 조그맣게 나간 것이 전부였는데, 개점 첫날 오피스맥스는 6,400달러어치의 상품을 판매했다.

제1호점 개점 후 90일이 지나 제2호점, 제3호점이 클리블랜드에 문을 열었다. 제4호점은 디트로이트의 케이마트(Kmart) 본사 사옥으로부터 멀지 않은 곳에 문을 열었는데, 몇 년 후 케이마트는 오피스맥스의 대주주가 되었다. 그리고 창업한 지 6개월 만에 오피스맥스는 회사 경비를 제하고도 손익분기점에 도달했다.

퓨어가 훗날 회상했듯이, 창업 초기 그는 아침 7시에서 저녁 7시까지 꼼짝도 않고 사무실에서 일만 했다. 집에는 옷을 갈아입기 위해서

만 들렀고, 옷을 갈아입자마자 제1호점으로 달려갔다. 그곳에서 고객들의 구매행위를 소리 없이 관찰하기도 하고, 고객들에게 어떤 점에서 오피스맥스가 마음에 드는지, 또 어떤 점이 마음에 들지 않는지를 물었다. 그는 물건을 구입하지 않고 그냥 나가는 고객들을 주차장까지 쫓아가 왜 그냥 나가는지를 묻기까지 했다.

퓨어의 이러한 행동을 보면 오피스맥스가 얼마나 고객의 입장을 중요시하며 고객의 욕구를 충족시키기 위해서 노력했는지 잘 알 수 있다. 오피스맥스의 대고객 서비스는 정말 높이 평가할 만하다. 이 회사는 고객들의 수신자 요금 부담 전화를 기꺼이 받았다. 고객이 불만을 털어놓을 경우, 곧바로 사과를 하고 24시간 안에 문제를 해결했다. 이렇게 하면서 오피스맥스가 추구한 것은 바로 고객의 충성도였다. "우리는 우리가 잘못했으며 고객이 옳다는 사실을 인정하기를 두려워하지 않았다."

회사가 조금씩 수익을 내기 시작한 시점에서 퓨어는 회계에 문제가 있어 잘못하면 파산할 수도 있다는 사실을 발견했다. 이 문제를 해결할 방법을 연구한 퓨어는 그로부터 6개월 후에 추가 투자금을 모금하는 시도를 했다. 창업한 지 얼마 되지 않았지만 회사가 성공할 조짐을 보였기 때문에 자금은 쉽게 모을 수 있었고, 초기 주가보다 주당 75센트 더 높게 주식을 판매할 수 있었다.

그리하여 창업 일 년이 지날 때쯤 오피스맥스는 미시건주 오하이오에 6호점을 개점했으며, 모든 매장의 매출을 합하자 총 1,300만 달러에 이르게 되었다.

성장 가도를 걷다

창업하고 2년여가 지난 1990년 초, 오피스맥스의 매장 수는 17개로 늘어났다. 그런데 생각치도 않게 몽고메리 워드가 오피스맥스와 오피스 월드(Office World)의 합병을 제안한다. 오피스 월드는 몽고메리 워드가 벤처 캐피털리스트들과 설립한 사무용품점 체인이었다. 오피스 월드는 오피스맥스와 비슷한 생각을 갖고 같은 시장을 노리며 사무용품 대형매장 시장에 뛰어들었다. 그러나 창업한 지 얼마 되지 않아 1,000만 달러의 손실을 내고 말았다. 합병 협상에서 오피스맥스는 유리한 고지를 점하고 오피스 월드를 인수하게 되었다. 오피스 월드의 시카고 지역 매장 7개를 인수하는 일은 오피스맥스에게는 꽤 매력적이었다. 오피스맥스가 오피스 월드 측에 제일 크게 양보한 것은 10개의 이사직 중 2개를 몽고메리 워드와 오피스 월드 창업에 참여한 벤처 캐피털리스트에게 주는 것이었다. 물론 오피스 월드 매장 인수와 더불어 부채 수백만 달러도 함께 따라오기는 했다.

1990년 여름, 오피스맥스는 매장 30개에 2,500만 달러의 유동성을 보유한 회사로 성장했다. 그리고 세 번째 투자가 모집을 통해 8백만 달러를 거둬들였는데, 이는 2년 전에 투자가들이 지불한 주가의 6배나 되는 높은 금액이었다. 이제 본사도 남녀 화장실이 따로 있는 빌딩으로 이사할 수 있게 되었다.

퓨어는 20개 매장을 더 여는 공격적인 팽창계획을 수립하고 실천에 옮기기 시작했다. 사무용품 대형매장들의 경쟁은 치열했다. 유사한 성격의 경쟁업체들은 자금을 추가로 확보하기 위해 앞 다투어 주식을 상장했다. 그 와중에 몇 개 업체는 도산을 했다.

케이마트와의 협력

성장 가도를 달리던 오피스맥스에게 큰 위협이 다가왔는데, 그것은 케이마트가 오피스맥스에게 도전장을 던지며 오피스 스퀘어(Office Square)라는 사무용품 슈퍼체인을 개점한다는 소식이었다. 케이마트는 말 그대로 안 가진 것이 없는 막강한 기업으로, 재력, 경영능력, 부동산 전문가, 정치적 영향력 등 없는 것이 없었다. 퓨어와 오피스맥스는 자신들이 곧 추락하여 근처의 이리호(湖)에 빠지게 될 거라고 생각했다. 퓨어는 자신은 빈손으로 남아도 손해 볼 것이 없다고 스스로를 위로했다.

회사를 지키기 위해 각종 방어전략을 구사하던 퓨어는 케이마트 측과 협상을 시도했다. 결국 케이마트 경영진이 퓨어의 제안을 수락하여 1990년 11월, 케이마트와 오피스맥스 사이에 협정이 체결되는데, 이 협정의 내용은 케이마트 측이 4,000만 달러를 투자하되 그 반대급부로 주식의 22%를 보유한다는 것이었다. 이 협정에 따라 오피스맥스가 그토록 두려워했던 오피스 스퀘어는 오피스맥스의 차지가 되었고, 케이마트는 오피스맥스 이사회에서 자리 하나를 얻었다.

케이마트의 협조와 지원을 등에 업고 오피스맥스의 확장계획에는 더욱 가속도가 붙게 된다. 협정을 맺은 후 10개월 동안 양측은 매우 좋은 관계를 유지했으며, 오피스맥스는 케이마트와 협력을 더욱 강화하기 위한 방안을 모색했다.

처음 정했던 사업목표에 도달하자 퓨어는 이제 투자가들과 성과를 나누어 가질 시간이 되었다고 생각했다. 창업 투자가들을 위해서 퓨어가 선택할 수 있는 방법에는 두 가지가 있었는데, 그 중 하나는 주식을 공개하는 것이었고 또 하나는 케이마트와 새로운 협상을 하는 것이었다. 고민 끝에 오피스맥스는 두 번째 카드인 케이마트와의 협상을 선택했다. 케이마트는 창업 투자가들이 보유한 모든 주식과 퓨어와 허위츠가 보유한 주식의 50%를 구입하겠다는 결정을 내린다. 이 주식 구매의 총규모는 2억 1,500만 달러에 달했다. 불과 42개월 전의 창업 규모를 생각하면 참으로 어마어마한 성장이 아닐 수 없었다. 케이마트와의 협상에서 가장 매력적인 점은 오피스맥스 전체 주식의 92%가 케이마트에게 팔리기는 하지만, 오피스맥스 측은 여전히 독립적인 회사로 운영될 것이라는 점이었다.

케이마트 없는 독자적인 발전의 길 선택

1995년 7월말에 이르러 오피스맥스는 미국 41개 주와 푸에르토리코 등 150개 시장에 405개의 매장을 보유하게 되었다. 전형적인 매장 크기는 2만 3,500평방피트였으며, 이 크기의 매장에서 보통 6,000개가 넘는 아이템이 팔렸다. 오피스맥스의 팽창은 두 개 기업을 인수함으로써 더욱 가속화되었다. 그 두 기업은 46개 매장을 지닌 오피스 웨어하우스(Office Warehouse)와 105개 매장을 보유한 비즈마트(BizMart) 체인이었다.

오피스맥스의 주요 고객은 직원 1명~100명 사이의 중소기업들과 홈오피스 고객, 그리고 개인 고객들이었다. 그러나 초 · 중 · 고등학교나 대학교도 주요 타깃이었다. 오피스맥스가 제시하는 저렴한 가격은 충분히 매력적이었다. 그리고 사업을 확장하기 위해 오피스맥스는 무료 전화인 콜센터로 전화를 걸어 주문하면 바로 다음날 배달해주는 새로운 시스템을 도입했다.

또한 오피스맥스는 기존의 오피스맥스 매장 옆에 8,000~1만 평방미터 규모의 사무실 전용 가구용품 매장인 퍼니처맥스(FurnitureMax) 매장 20개를 열었다. 이 외에도 복사를 전문으로 하는 카피맥스(CopyMax) 매장을 10개 정도 시험 삼아 운영했다. 한편 매장 선전을 위해 다각적인 멀티미디어 광고와 더불어 5,000개의 아이템이 담긴 220쪽에 달하는 상품 카탈로그를 제작하여 무료 전화로 주문할 수 있도록 했다.

오피스맥스가 이렇게 급성장을 하고 있는 동안 케이마트는 거인 월마트와 힘겨운 싸움을 벌이게 되었고, 이를 위해 자금이 많이 필요했다. 30억 달러의 자금을 만들어내기 위해 케이마트 측은 오피스맥스 주식 25%와 케이마트의 다른 자회사들을 처분하기로 결정했다. 그에 대한 최종 결정이 내려진 것은 1995년 7월이었다. 그리하여 케이마트가 보유한 오피스맥스의 모든 주식 1,880만 3,526주를 포함하여 총 2,455만 5,375주의 주식이 주당 19.875달러에 매각되었다. 오피스맥스는 이로 인해 1억 1,000만 달러의 이득을 얻었고, 이를 사업 확장에 사용할 수 있었다. 오피스맥스는 이제 케이마트의 자회사라는 그늘에서 벗어나 독자적인 상장기업으로 우뚝 서게 되었고, 드디어 퓨어와 창업 투자가들이 오랫동안 마음속에 간직해왔던 꿈이 실현될 수 있게 되었다. 아래 Information Box에서는 주식 상장으로 인한 부의 축적에 대해 살펴보기로 하자.

1995년 회계연도(1월 31일에 종료되는)에 이르러 오피스맥스의 매

출은 18억 달러에 달했다. 그리고 순수익도 3,040만 달러에 이르는데, 이는 그 전년도보다 무려 181%나 상승한 비율이었다. 그래프 1-1과 그래프 1-2는 이 회사의 매출과 매장 수 증가 현황을 잘 보여주고 있다.

그래프 1-1_ 매출 증가 현황 (회계연도는 그 다음해 1월 31일에 종료)

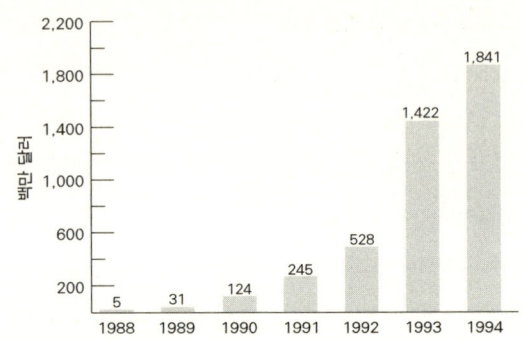

1988년 창업 당시 오피스맥스는 1993년에 매출이 1억 달러가 채 안 될 것이라고 예측했다. 그러나 1993년도의 실제 매출은 이 예상보다 무려 14배가 더 높았다.

그래프 1-2_ 매장 수 증가 현황 (회계연도는 그 다음해 1월 31일에 종료)

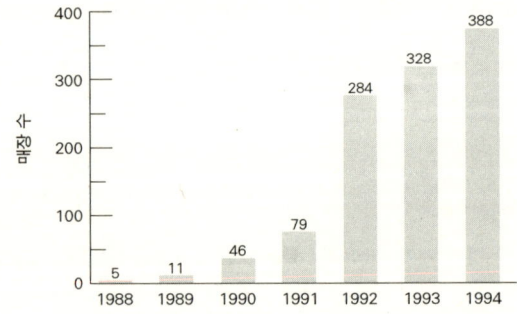

1988년 창업 당시 오피스맥스는 1993년에 총 매장 수가 50개 정도 될 것으로 예측했다. 그러나 1993년도의 실제 매장 수는 이 예측보다 7배나 더 많았다.

* 1992년 ~ 1994년의 매장 수에는 비즈마트의 매장 수가 포함되어 있다.

먹구름 다가오다

1996년에 오피스맥스는 9년이 채 되지 않는 단기간에 매출 3억 달러를 넘긴 역사상 네 번째 기업이 되었다. 1998년 9월 현재 오피스맥스는 미국 48개 주와 푸에르토리코에 769개의 매장을 둔 대기업으로 성장했다. 또한 조인트 벤처 형태로 멕시코에 9개 매장을, 일본에 1개 매장을 보유하고 있었다. 그 외에도 90억 달러 규모의 복사 및 인쇄 전문매장인 카피맥스의 매장을 129개나 보유하였고, 사무용 가구 전문매장인 퍼니처맥스도 자본 규모 12억 달러에 매장 수 129개 규모로 성장해 있었다.[4]

1998년에 미국에 150개의 매장을 새로 개장한 오피스맥스는 1999년에도 120개 매장을 개점할 계획을 세우고 있었다. 매출은 계속 증가세를 보여, 1997년에는 총 37억 6,500만 달러로 상승했고, 순수익도 1996년에 비해 30% 증가한 8,960만 달러를 기록했다.[5] 한편 1994년 1월 31일부터 1997년 1월 31일까지 3년이라는 기간 동안 최고의 경쟁업체인 오피스 데포에 대한 상대적 시장점유율도 30.1%에서 35.9%로 상승했는데, 이를 상세히 살펴보면 다음과 같다.

회계연도	1994년	1997년
오피스 데포 매출 (단위 십억 달러)	4.266	6.716
오피스맥스 매출 (단위 십억 달러)	1.841	3.765
오피스 데포에 대한 오피스맥스의 상대적인 시장점유율	30.1%	35.9%

그러나 1998년 9월이 되자 오피스맥스의 주가는 주당 10달러 선 미만으로 갑자기 추락해버렸다. 그러자 1998년 겨울, 주식 전문가들은 일제히 오피스맥스의 경영을 공격하기 시작했다. 오피스맥스의 경영실적이 주요 경쟁업체인 오피스 데포나 스테이플스(Staples)에 비해 형편없었기 때문이다. 특히 구(舊)매장에서의 실적이 매우 저조했는데, 경쟁업체들과의 가격할인 경쟁으로 인해서 3사분기 및 4사분기 실적이 예상보다 훨씬 저조했다. 오피스맥스를 비난한 전문가들은 같은 기간에 오피스 데포나 스테이플스의 경영실적은 좋다고 지적했다.[6] 그렇다면 이러한 실적 저조는 일시적인 현상이었을까?

이러한 위기 상황에서 2000년에는 더 비극적인 상황이 발생했다. 경제가 전반적으로 침체기에 들어간 것이다. 그리하여 오피스맥스는 8,500만 달러의 손실을 보았고, 오피스 데포와 스테이플스도 각각 1억 6,800만 달러와 1억 1,200만 달러의 손실을 기록했다. 이렇게 손실을 기록하자 모든 기업들이 경비를 삭감했고, 판매실적이 저조한 매장의 문을 닫기로 결정했다. 그리하여 당시 전체 매장 수가 995개에 이르렀던 오피스맥스는 50개 매장을 폐쇄한다는 결정을 내렸다.[7] 물론 회사 주가는 2달러 선으로 추락해버렸다.

분석

이 사례를 보면, 오피스맥스는 창업을 하자마자 대성공을 거두기 시작하여 단기간에 최고의 성장률을 기록했다. 오피스맥스가 창업을 한 해에 미국에서 창업을 한 기업의 수는 68만 5,095개에 이른다. 물론 이들 중 채 절반도 살아남지 못했다. 살아남은 기업들 중에서도 순자산 규모가 5,000만 달러가 되는 기업은 극소수에 지나지 않는다. 순자산 규모가 2억 달러를 넘은 기업은 말 그대로 손가락으로 꼽을 수 있을 정도이다. 그렇다면 이런 환경에서 오피스맥스가 대성공을 거둘 수 있었던 까닭은 어디에 있을까?

아이디어가 독특하고 그 독특한 아이디어를 실행에 잘 옮겼기 때문이라고 대답할 수는 없다. 물론 비용이 많이 드는 기존의 사무용품 유통구조에 대변신을 가져오는 새로운 아이디어로 승부하긴 했지만, 그러한 아이디어는 오피스맥스만의 특별한 발상은 아니었기 때문이다. 사실 당시에 카테고리 킬러 매장은 전 소비재 분야에 동시에 등장하고 있었다. 동시에 등장한 카테고리 킬러 매장끼리의 경쟁은 치열했다. 사무용품 슈퍼체인 산업의 경우, 치열한 경쟁으로 인해 겨우 3개만이 살아남았는데, 이 생존한 기업들 중 오피스맥스의 규모가 제일 작았다. 그렇다면 동시에 창업했던 다른 기업들은 대부분 실패하거나 다른 기업에 인수당한 반면 오피스맥스가 큰 성공을 거두며 살아남을 수 있었던 비결은 무엇일까?

물론 성공의 공은 대부분 창업자 마이클 퓨어의 노력으로 돌려야 한다. 그는 벤처 캐피털리스트들의 자금과 무리한 대출을 통한 사업자금 지원을 거부했다. 사실 처음 그가 투자자들로부터 모금한 3백만 달러의 자금은 일반 벤처기업들에게는 꽤 많은 액수로 보이지만, 카테고리 킬러 매장의 사업자금으로는 턱없이 부족한 액수였다. 그러나 극도로 경비를 절약하면서 동시에 미래에 대한 보상을 직원들과 공급업체에게 약속함으로써 퓨어는 힘든 시기를 잘 넘겼다. 퓨어의 낙관주의와 적극적인 자세가 모든 사람들에게 설득력 있게 작용한 것이다. 그는 이 외에도 투자가, 직원들, 그리고 공급업체들 모두에게 신뢰를 유지하는 데 성공했다.

퓨어는 매장을 하나 개점할 때마다 최적의 직원 수와 상품 수를 계산하여 조금이라도 지출을 줄이려고 노력했으며, 대고객 서비스에 최선을 다했다. 이 모든 것이 오피스맥스의 성공요인으로 작용했다.

매장 수가 20개, 50개 또는 그 이상으로 늘어날 때 절제와 균형감각을 잃지 않았던 것도 중요한 성공비결이었다.

성공하는 기업들에게는 파산을 하거나 경영상태가 좋지 않은 동종기업을 좋은 조건에 인수할 기회가 어김없이 주어진다. 오피스맥스의 또 다른 성공요인은 바로 여기에 있었다.

그러나 불행히도 이러한 절제와 검약정신(대출을 자제하여 금리 지출을 최대한 줄이는 등)은 1990년대 후반에 추진된 급격한 팽창전략으로 그 의미가 퇴색되고 만다. 이러한 부적절한 전략 외에도, 시장이 포화상태에 이르고 경기 전반에 걸쳐 침체기가 도래함에 따라 오피스맥스는 위기에 처하게 된 것이다. 물론 이런 위기에 당면한 기업들은 오피스맥스만이 아니었다. 경쟁업체들도 한결같이 같은 위기에 처하게 되었다.

결론

성공적인 경영은 생각만큼 쉽지 않다

사업체를 경영하는 것이 쉽고 편안할 것이라고 생각하는 사람은 물론 거의 없을 것이다. 오랫동안 잠도 못자며 꼼꼼하게 준비한 사람들에게도 기업을 성공적으로 운영하기란 쉽지 않다. 마이클 퓨어는 매일 본사에서 12~18시간을 보냈으며, 그 외의 시간도 대부분 매장을 둘러보고 고객과 공급업체 관계자들을 만나는 데에 할애했다. 그는 새벽 3시면 잠에서 깨어 어떤 결정이 과연 옳은 결정인지 천장을 바라보며 고민하곤 했다고 한다. 그는 그의 약속을 믿고 7명의 직원이 창업에 참여해준 때부터 회사가 훌쩍 커버린 후까지도 직원들에 대해 늘 책임감을 느꼈다. 그리하여 1993년 말경에 이르러서는 그가 잠을 못 이루고 고민할 문제가 무려 1만 9,000건이 넘었다고 한다.

그가 이처럼 모든 일에 고민하며 신경을 쓰지 않았다면 오피스맥스가 그토록 큰 성공을 거둘 수 있었을까? 물론 성공할 수도 있었을 것이다. 창업 후 급성장을 하는 기업의 경영자들은 일중독증에 걸려 워커홀릭이 되기 쉽고, 가족생활을 비롯한 개인생활은 기업을 위해 완전히 희생하고 만다. 이들의 희생이 있기에 기업의 발전이 가능한 것이다.

비록 환상일지라도, 성장하는 기업이라는
이미지에는 힘이 있다

창업을 하고 기업이 가장 취약한 시점인 초기 몇 달 동안 퓨어와 직원들은 은행들과 제조업체들에게 "우리는 곧 20개, 50개, 심지어 300개의 매장을 보유한 대기업으로 성장할 것이다. 지금 우리를 돕는 것이 기업이나 은행의 장래를 위해서도 좋을 것이며, 현재 우리를 돕는 사람들에게는 미래에 우리가 성공할 때 그 몫을 반드시 나누어줄 것이다"라고 기업의 성장에 대해 자신감을 보였다.

그렇다면 급속히 성장하는 기업에게 투자가들이나 은행, 공급업체, 그리고 직원들은 왜 매력을 느끼고 다가올까? 그 이유 중의 하나는 사람들은 승자와 한편이 되기를 좋아하기 때문이다. 물론 성장하는 기업과 손을 잡고 싶어하는 가장 큰 이유는 경제적으로 큰 이득을 볼 수 있기 때문이다. 바로 그러한 이유 때문에 투자가들은 기꺼이 자금을 투자하며, 기업의 성장과 더불어 투자 규모도 커진다. 물론 채권자들과 공급업체 또한 거래업체의 사업이 잘되면 잘될수록 병행하여 성장한다. 직원들의 경우에는 회사가 성장할수록 승진 등 자아발전의 기회가 늘어나는 것을 볼 수 있다.

퓨어는 성장하는 기업에 대한 사람들의 그러한 기대치를 읽어내고 그들을 설득시켰다. 그와 얘기를 나눠본 사람들은 열성적인 그의 노력에 반했고, 회사가 급성장할 것이라는 퓨어의 꿈은 반드시 실현되리라는 믿음을 갖게 되었다.

대고객 관계에 있어서는 다른 기업보다
항상 앞서가야 한다

고객 서비스와 대고객 관계를 최우선으로 여기겠다고 말로 떠드는 일은 쉽다. 그러나 대부분의 경우 그런 약속은 실천할 수 있는 전략 없는 립 서비스에 그치고 만다. 그러나 오피스맥스는 고객과의 약속을 최우선에 두었다. 특히 창업 초기에 퓨어와 임원들은 매장으로 물건을 구입하러 온 고객들과 끊임없이 접촉을 했으며, 고객이 물건을 구입하지 않고 그냥 나가면 주차장까지 뒤따라가 왜 물건을 구입하지 않았는지 그 이유와 불만사항을 캐묻곤 했을 정도이다. 그 외에도 오피스맥스는 불만이나 특별 주문 사항이 있는 고객들의 경우, 수신자 부담 전화로 전화를 걸도록 했다. 또한 "어떻게 해드리면 만족스러우시겠습니까?" 하는 질문을 수시로 던졌고, 고객의 불만은 24시간 안에 반드시 해결되도록 조치했다. 그리고 고객에게 사과하는 것을 주저하지 않았다.

아주 특별한 경우를 제외하고 대부분의 기업들은 고객으로부터 충성을 확보해야 하고, 이 충성심에 근거하여 사업을 계속할 수 있다. 특히 고객의 대부분이 일반 소비자들이 아니라 기업 고객들인 사무용품 시장에서 고객들의 충성도는 그 어느 분야보다 중요하다. 물론 고객 하나 잃은 것이 뭐 그리 대수냐고 생각하기 쉽고, 지나치게 억지를 부리는 고객은 차라리 없는 것이 낫다고 생각할 수도 있다. 실제로 차라리 거래를 안 하는 것이 더 나은 고객도 있다. 그러나 문제는 필요한 고객과 불필요한 고객을 구분함에 있어 명백한 선을 긋기가 쉽지 않다는 데 있다. 다시 말하면, 고객의 불만을 어느 선까지 수용하는 것이 바람직한 것일까?

'날씬하고 효율적인' 경영의 힘은 크다

지나치게 발전을 억제하는 관료주의적인 경영도, 회사의 사정은 생각하지 않는 방만한 지출과 경영도 바람직하지 않다. 사우스웨스트 항공(Southwest Airlines)과 뱅가드(Vanguard; 미국의 투자운용사로, 뮤추얼펀드 업계 2위 - 역주)는 회사가 급성장을 함에도 불구하고 절제하는 정책을 유지함으로써 성공적인 기업의 대명사가 되었다. 그러나 대부분의 기업들의 경우, 급성장에 대한 자신감이 생기기 시작하면 바로 지출을 늘리려는 유혹에 넘어가고 만다. 오피스맥스의 경우, 초기에는 이런 유혹을 잘 견뎌냈다. 그러나 시간이 흐르면서 가능한 한 빠른 시간에 더 많은 매장을 개점하겠다는 팽창의 유혹을 이겨내지 못했다.

헌신적인 직원들은 기업에게 큰 힘이 된다

사우스웨스트 항공처럼 오피스맥스도 창립 초기에는 개인은 희생시키면서 팀워크를 중요시하는 전략으로 성공을 거두었다. 특히 초기에 직원들은 월급을 많이 받지 못했지만 기업의 미래를 믿고 헌신적으로 일했다. 당장 눈앞의 현금보다는 미래의 큰 꿈에 투자를 한 것이다. 직원들의 이러한 헌신적인 자세 덕분에 오피스맥스는 창업한 지 불과 3개월 만에 제1호 매장을 개점할 수 있었으며, 빠른 시간 안에 여러 매장을 개점할 수 있었다.

기업이 성장할 것이라는 믿음, 지도자에 대한 신뢰감, 그리고 팀워크를 중시하는 경영정책이 직원들이 헌신적으로 일할 수 있는 밑바탕이 되었다. 물론 조직이 비대하지 않고 효율적으로 운영되면 관료주의는 발붙일 자리가 없어지고, 상하 간 커뮤니케이션은 원활하게 이루어질 수밖에 없다. 불행하게도 오피스맥스의 조직이 비대해지면서 초창기의 장점이었던 이런 분위기가 퇴색하고 말았다. 그리고 경쟁이 점점 치열해지면서 인간적인 부분보다는 급성장이라는 목표에 더 초점을 맞추게 되었다. 물론 시장이 점점 포화상태에 가까워가는 상황에서 자신보다 더 큰 경쟁업체 두 군데와 싸우려면 인간적인 면을 생각하기란 쉽지 않았을 것이다.

시장 포화상태를 늘 경계해야 한다

넓은 면적을 차지한 채 여전히 아무 문제없이 성장을 거듭하고 있는 사무용품 슈퍼체인이 있을까? 경쟁업체들의 수준이 비슷하다면 경쟁은 더 치열할 수밖에 없다. 오피스맥스, 스테이플스, 오피스 데포, 이 3개 체인은 모두 대형매장을 가지고 있고, 최대한 다양한 물건을 판매하고 있으며, 가격도 일반 소매점에 비해서 저렴한 편이다. 또한 직원들은 제품에 대해 소상히 알고 있으며, 최고의 서비스를 제공한다. 이렇게 업체끼리 차별화가 안 되는 상황에서 시장이 포화상태에 이르거나 포화상태를 넘어 과잉투자상태가 되는 경우, 기업들은 큰 타격을 입게 된다. 적자생존의 원칙에 의거하여 최약자가 시장을 떠나기 전까지는 모두 수익 감소를 감수해야 한다. 물론 이런 상황에서 성장은 꿈도 꾸지 못한다.

다음 질문에 답해봅시다

❶ 직원을 채용할 때, 어떤 직원이 장차 헌신적으로 일할 직원인가를 어떤 기준으로 판단하는가?

❷ 고객의 불만을 완전히 무시하고 신경 쓰지 않을 수 있을까?

❸ "오피스맥스는 사무용품 슈퍼체인 산업에서 넘버 쓰리이다. 결국, 다른 두 개 경쟁업체에 비해 재원이 부족하다는 의미인데, 이것은 오피스맥스의 큰 약점이다." 이 주장을 평가해보시오.

❹ 퓨어가 초창기에 오피스맥스의 미래에 동참할 것을 설득하면서 제조업체들에게 '미래를 판매한' 행위는 전적으로 윤리적인 행동이었다고 생각하는가? 그렇다고 생각하면 그 이유를, 그렇지 않다고 생각하면 그 이유를 설명하시오.

❺ 카테고리 킬러 매장의 발전에는 한계가 있다고 생각하는가?

❻ 카테고리 킬러 매장이 도저히 성공할 수 없다고 생각하는 제품이 있는가?

❼ 퓨어는 창립 초기에 사무실에서 12~18시간을 보냈다고 한다. 만일 그보다 일을 덜 했더라도 성공할 수 있었을 것이라고 생각하는가? 그렇다고 생각하거나, 그렇지 않다고 생각하거나 각각의 이유를 설명하시오.

❽ 오피스맥스의 장점과 약점, 기회와 위협에 대해서 분석해보시오. 그러한 분석 결과 오피스맥스의 미래에 대한 전망은 어떻다는 결론에 이르렀는가?

❾ 오피스맥스에서 채용 제안이 들어온다면 일할 용의가 있는가?

그때 내가 그 자리에 있었다면

❶ 본인은 현재 작은 문방구 주인이다. 사업은 꾸준히 잘되는 편이고, 그 정도 수입이면 가족들을 먹여 살리는 데 전혀 지장이 없다. 그런데 바로 이런 시점에서 1마일도 채 안 떨어진 곳에 오피스맥스 매장이 개점할 것이라는 소식이 들려왔다. 상품의 종류나 가격에 있어서 그런 대형매장과 도저히 경쟁이 안 되는 상황에서 어떻게 그런 대형매장과 경쟁할 수 있을지 대책을 마련해보시오.

❷ 본인은 퓨어의 비서이다. 퓨어는 학교 같은 대형기관이나 사업체의 고객들을 공략할 수 있는 대책을 마련해보라는 명령을 내렸다. 가능한 한 구체적이고 설득력 있는 방안을 마련하여 제시해보시오.

그룹 토론을 해봅시다

때는 바야흐로 1995년 10월 25일이다. 사무용품 슈퍼체인계의 제1인자인 오피스 데포가, 오피스맥스가 17개 매장을 보유하며 자신의 성역으로 여기고 있는 클리블랜드시에 12개의 매장을 개점하겠다고 발표했다. "우리는 주요 시장에 진출할 때 몇 년 안에 6개에서 20개의 매장을 신속하게 개점하여 그 시장을 장악해버리는 전략을 구사한다"라고 오피스 데포 측은 덧붙였다. 이러한 오피스 데포 측의 발표에 대해 마이클 퓨어는 "우리는 이 지역의 대표 기업이라는 자부심과 장점이 있다. 외부 기업은 우리 영역에 들어와도 절대 성공하지 못할 것이다"라며 대응했다.

그렇다면 이러한 상황에서 토론을 해보자. 오피스맥스는 시장이 포화상태에 가까워지고 있는 현 상황에서 오피스 데포의 진출에 대해 걱정해야 하는가? 아니면 아직 시장의 발전 가능성은 충분하고, 오피스 데포는 그 지역에서는 경쟁상대가 안 되므로 걱정할 필요가 없는가?[8]

더 연구해봅시다

현재 오피스맥스의 상황은 어떠한가?
다시 수익을 내면서 성장하고 있는가?
오피스 데포와 스테이플스와 비교해볼 때, 주가수익률은 어떠한가?

고가전략과 절제된 성장정책의 성공사례

– 맥주제조업체 보스턴 비어

• 고가 전략을 택할 것이냐, 저가전략을 택할 것이냐?

• 통제할 수 있는 수준을 벗어난 무리한 확장을 지양하라

• 누구나, 특히 새로운 벤처기업의 경우, 가능한 한 손익분기점을 낮게 잡아라

• 품질관리는 무엇보다 중요하다

• 투자가들은 주식공개상장의 리스크를 염두에 두어야 한다

짐 카치는 자신의 사업을 하고 싶었다. 그러나 도대체 무슨 사업을 해야 할지 알 수가 없었다. 그러다가 생각해낸 것이 양조업이었다. 그의 증조부인 루이스 카치가 세인트루이스에 양조시설을 마련해놓고 진한 맥주를 제조했던 전력이 있기 때문이다. 그의 증조부가 가지고 있던 양조비법에 따라 맥주를 제조하면 버드와이저(Budweiser)나 밀러(Miller)보다 훨씬 더 진한 맥주를 제조할 수 있었다. 물론 이 방법으로 제조를 하면 기존 양산 맥주에 비해서 가격이 비싸질 것이 뻔했다. 이 맥주의 양조과정이나 발효과정이 일반 양산 맥주에 비해서 훨씬 길고, 일반 제조업체가 사용하는 것보다 몇 배나 더 비싼 원료를 사용하기 때문이다.

짐은 사실 유명 기업인 보스턴 컨설팅 그룹(Boston Consulting Group)에서 높은 연봉을 받으며 일하고 있었다. 그는 그곳에서 6년 반째 일을 해오고 있었으나, 그곳에서 일하는 내내 자기 사업을 하고 싶다는 꿈을 버릴 수가 없었다. 그리하여 드디어 맥주 제조업을 시작하게 되었다. 그는 조상이 물려준 특별한 비법으로 기존 맥주와 차별되는 새로운 타입의 맥주를 생산하겠다는 계획을 세웠다. 그는 특별한 소비자층을 겨냥한다면 충분히 승산이 있을 것이라고 생각했는데, 그가 타깃으로 삼은 계층은 20대 중반 정도의 남성들로, 맛만 좋다면 기꺼이 가격을 더 지불할 용의가 있는 젊은층이었다. 이렇게 주요 고객층은 확정했지만, 그 고객층의 숫자가 얼마나 되는지는 확인할 수 없었다. 그가 컨설팅회사에서 일하면서 얻은 경험에 따르면, 고객층이 충분하지 않은 경우 그 사업은 절대 성공할 수가 없었다. 그렇다면 그가 창업할 맥주회사가 사업을 유지할 수 있을 만큼 새로운 맥주맛을 선호할 수요가 충분히 존재할 것인가?

이런 고민을 하던 중 1984년에 짐은 그의 사업 발상에 결정적인 열쇠를 제공해주는 사실을 하나 발견했다. 그것은 하이네켄(Heineken)이나 벡스(Beck's) 같은 미국의 양산 맥주와는 맛이 다른 수입 맥주의 판매가 급증하고 있다는 사실이었다. 이러한 사실은 상당수 미국인들이 더 좋은 맛을 위해서라면 기꺼이 가격을 더 지불할 용의가 있다는 사실을 입증해주는 좋은 증거가 아니던가?

수입 맥주에 대해서 조금 더 연구를 하던 중 짐 카치는 수입 맥주가 국산 맥주에 비해서 약점이 많다는 사실을 발견했다. 특히 멀리서 운송해오기 때문에 신선도를 유지할 수 없다는 결정적인 약점이 있었다. 이렇게 생산 시점과 소비 시점의 차이를 극복하기 위해서 대부분의 해외 맥주제조업체들은 미국 시장에 수출하는 맥주에 방부제를 첨가하였고, 미국 시장을 겨냥한 맥주에는 원료도 저렴한 것을 사용하였다.

물론 미국의 소형 맥주제조업체들은 개성 있는 맥주맛을 제공하고 있었다. 그러나 이들은 소량으로만 생산하기 때문에 대량으로 생산할 경우 맛의 질을 일정하게 유지할 자신이 없었다. 이러한 모든 점을 감안해볼 때, 그는 성공할 가능성이 있다고 믿었다. 그는 좋은 품질을 자랑하면서도 일정한 품질을 제공하지 못하는 문제를 극복하고 싶었다. 그리고 영세업체들의 고질적인 문제인 마케팅 능력과 재원 마련 문제만 해결된다면 얼마든지 가능하다는 믿음을 갖게 되었다.

짐 카치는 드디어 출정을 선언하고 회사에 사표를 던졌다.

물론 대부분의 창업 희망자들처럼 벤처기업을 설립하기 위해서 자금을 모으는 일은 쉽지 않았다. 그래도 그는 빈손인 사람들보다는 훨

썬 나았다. 보스턴 컨설팅 그룹에 근무하면서 모아놓은 10만 달러가 있었기 때문이다. 그리고 친척과 친구들에게 사정을 해서 14만 달러를 모았다. 이 돈은 소매업이나 서비스업을 시작하기에는 넉넉한 수준이었지만, 양조업을 시작하기에는 극히 적은 액수였다. 제대로 된 양조 시설을 갖추기 위해서는 적어도 1,000만 달러가 필요했기 때문이다.

그러나 짐 카치는 현명하게 이 문제를 해결했다. 새롭게 양조공장을 건설하기보다는 기존의 양조공장인 피츠버그 브루잉 컴퍼니(Pittsburgh Brewing Company)의 시설을 이용하여 맥주를 제조하는 방법을 채택했기 때문이다. 피츠버그 양조공장은 시설도 훌륭했지만, 이 공장에서 일하는 인력은 모두 20년 이상 쌓아온 양조기술을 보유한 기술자들이었다. 짐 카치는 새롭게 제조할 맥주에 전쟁 영웅이었으며 양조업에 종사하기도 했던 사무엘 아담스(Samuel Adams)의 이름을 붙였다.

뛰어넘어야 할 문제들

창업은 했지만 짐 카치에게는 뛰어넘어야 할 큰 문제가 있었다. 그 문제만 뛰어넘는다면 아무 문제도 없을 것 같았다. 가장 큰 문제는 바로 판매가격이었는데, 적어도 손익분기점을 넘어서 수익을 내려면 맥주 한 상자당 20달러는 받아야 했다. 그러나 이 가격은 하이네켄 같은 프리미엄 맥주보다도 15센트 더 비싼 가격이었다. 수입 맥주도 아닌 이름 없는 국산 맥주를 누가 그렇게 비싼 값에 구입하겠는가? 다음 페이지의 Information Box에서는 고가전략에 대해서 살펴보기로 하자.

짐 카치는 회사의 유일한 세일즈맨이 되어 가격은 비싸면서 전혀 알려지지 않은 이 신생 맥주를 소매점과 일반 소비자들에게 광고하고 다녔다. "나는 이곳저곳 바의 문을 직접 두드리며 다녔다. 맥주를 가져오라는 허락을 받아내기까지 열다섯 번을 찾아간 적도 있다"고 후에 짐 카치는 회상했다.[1]

이러한 개인적인 노력 외에도 그는 현지 시장에서 이 신생 맥주를 광고하기 위해 10만 달러라는 거액을 퍼부었다. 대형 맥주제조업체들이 자사 브랜드 맥주를 마시는 사람들의 사회적 지위와 책임감을 강조하는 광고를 한 반면, 짐 카치의 광고는 수입 맥주를 공격하는 데 초점을 맞추었다. "외국 맥주로부터 독립을 선언하자." 이것이 그가 광고에서 내세운 주장이었다. 사무엘 아담스라는 전쟁 영웅의 이름만으로도 이 맥주는 충분히 독립적인 의미를 가졌다. 그는 수입 맥주는 고급 원료를 사용하지 않으므로 사무엘 아담스 같은 고급스런 맛은 절대 낼 수가 없음을 널리 광고했다. 그는 대부분의 광고에 직접 출연해서 다음과 같이 말하기도 했다. "안녕하세요? 저는 짐 카치입니다. 저희가 1년간 긴 공정을 거쳐야 해낼 수 있는 일을 외국의 대형 맥주회사들은 불과 3시간 동안 해냅니다. 저는 제 증조부께서 개발하신 전통 양조법을 사용하고 있는데, 이 맥주 제조에 들어가는 호프는 수입 양산 맥주에 들어가는 호프보다 10배나 더 비쌉니다."[2]

소매점을 끈질기게 찾아다닌 그의 노력 덕분에, 그리고 수입 반대 광고 덕분에, 〈뉴스위크(Newsweek)〉나 〈유에스에이 투데이(USA

Today)〉 같은 언론사가 전국적으로 이 국내산 맥주에 대한 기사를 다루었다. 그러자 점점 더 많은 바텐더들과 소비자들이 사무엘 아담스를 마셔보려는 시도를 했다. 물론 시음 후에는 비싼 가격에도 불구하고 많은 사람들이 이 맥주를 찾았다. (어쩌면 비싼 가격 때문에 더 찾지 않았을까?)

Information Box

가격경쟁에 대한 개념 재고 : 가격과 품질과의 관계에 대한 일반 개념

사우스웨스트 항공사는 저가전략으로 성공을 거둔 대표적인 경우이다. 이 항공사는 경비를 낮추고 경쟁업체보다 조직구조를 날씬하게 유지했기 때문에 저가공세로도 수지 타산을 맞출 수 있었다.

사우스웨스트 항공사와는 반대로 보스턴 비어는 동종 업계에서 최고의 가격을 유지하려는 시도를 하고 있다. 그렇다면 이 회사가 정신이 나간 것일까? 어떤 사람들이 수입 맥주보다 더 비싼 국산 맥주를 마시려고 할까? 단지 맛의 차이 때문에?

가격이 제일 비싸면 품질이 제일 좋을 것이라는 인식은 오랫동안 일반 소비자들의 뇌리에 각인되어왔다. 물론 서민들은 최고의 품질이라는 인피니티(Infiniti)나 렉서스(Lexus), 그리고 메르세데스(Mercedes) 컨버터블 등 고급 자동차를 타볼 엄두를 쉽게 낼 수가 없기 때문에 그것이 사실인지 아닌지를 확인할 수가 없다. 그러나 맥주라면 가격이 조금 비싸다고 해도 가끔씩은 얼마든지 사 마실 수 있다. 때로는 중요한 바이어 접대를 위해서, 때로는 가끔씩 색다른 맛을 즐기고 싶어서 최고급 맥주를 마실 수 있는 것이다.

오랫동안 고가전략은 시장에서 그 효과를 거두곤 했다. 어떤 제품의 품질이 실제 가격에 걸맞게 좋든 좋지 않든, 일반 소비자들은 여전히 가격이 높으면 품질이 좋을 것이라는 인식을 버리지 않고 있다. 특히 맥주를 비롯한 술이나 생수, 향수처럼 객관적으로 품질에 대해서 논하기 어려운 경우, 그리고 제품 원료 중 일부가 비밀이거나 제품의 성격이 복잡한 경우, 사람들은 여전히 비싼 것이 좋을 것이라고 생각한다.

think about this

과거에, 가격이 비싸면 품질이 좋을 것이라는 생각에 제품을 구입하여 낭패를 본 일은 없는가? 보드카나 진, 스카치, 맥주 등의 품질을 어떤 기준으로 정하는가? 맛으로? 광고 내용으로? 아니면 다른 요인으로?

짐 카치가 당면한 또 다른 문제는 유통업체들을 찾는 일이었다. 기존의 브랜드들이 기존 도매업자 네트워크를 완벽하게 장악하고 있을 때, 신생기업이 이 벽을 뚫고 들어가는 일은 말 그대로 하늘의 별 따기나 마찬가지이다. 보스턴 비어의 상황도 마찬가지였다. 비록 그것이 현지 브랜드라고 해도, 어떤 도매업자도 사무엘 아담스를 받아 배달하려고 하지 않았다. 그 결과, 보스턴 비어가 직접 트럭을 구입하여 상자를 싣고 다니며 배달을 해야 했다.

그러나 짐 카치는 차례차례 한 지역씩 배달구역을 확대해나갔다. 보스턴에서 워싱턴 D.C., 뉴욕, 시카고, 그리고 캘리포니아에 이르기까지 유통망을 확대해갔는데, 이렇게 세를 확장하는 와중에도 행여나 품

질이 저하되지 않도록 각별히 신경을 썼다. 그는 보스턴 컨설팅에서
자신의 비서로 일하던 론다 칼리먼을 데려와 영업조직을 구축하는 업
무를 맡겼다. 그리하여 1989년에는 12군데 정도 되던 제조업자 대리점
이 1994년에는 전국적으로 70군데로 늘어났다. 이는 어느 소형 맥주제
조업체보다도 많은 숫자이며, 맥주업계의 거장 앤호이저 부시
(Anheuser Busch)의 대리점과 비슷한 숫자였다. 그 결과 사무엘 아담
스의 영업사원은 여러 음료수 라인을 동시에 커버해야 하는 다른 업체
의 영업직원들보다 고객들에게 더 친절하고 특별한 맞춤 서비스를 제
공할 수 있었다.

　1992년, 이 회사가 전국적인 규모로 세를 확대하여 48개 주의 술집
이나 레스토랑에서 제품이 판매되기 시작하자 매출이 63%나 증가했
다. 새로운 맥주를 개발해야겠다는 목표로 보스턴 비어는 기존의 맥주
맛 외에 독한 밀 맥주, 과일향이 나는 크랜베리 맥주 등을 개발했다. 소
비자들 사이에서 인기가 높아감에 따라, 사무엘 아담스는 1984년 이후
여러 가지 상을 수상했고, 언론에 집중적으로 보도되기도 했다. 사무
엘 아담스는 특히 매년 개최되는 그레이트 아메리칸 비어 페스티벌
(Great American Beer Festival)에서 네 차례나 미국의 베스트 비어
(the Best Beer)로 선정되었으며, 브랜드를 가리고 행하는 시음대회에
서 여섯 차례나 금메달을 받았다.

　이렇게 사무엘 아담스가 인기를 끌자, 짐 카치와 그 밑에서 일하는
두 명의 맥주제조 전문가들은 그레이트 아메리칸 비어 페스티벌에 '트
리플 복(Triple Bock)' 이라는 새로운 제품을 선보이기로 결정했다. 그
들은 이 제품에 대한 기대가 컸으나 그때까지 제품을 시장에 내놓지

않았다. 그 맥주는 기존 맥주와 달랐다. 트리플 복은 탄산가스가 전혀 들어가지 않은 알코올농도 17도짜리 맥주였는데, 짐 카치는 이 맥주를 파란 맥주병에 담아 코르크 마개를 씌웠다. 다시 말해 순수 브랜디처럼 한 잔씩 마시라는 뜻이다. "이 맥주는 아무도 맥주에서 이런 맛을 느낄 수 있으리라고 생각할 수 없는 독특한 맛을 지니고 있다"라고 짐 카치는 말했다.[3] 그렇다면 짐이 너무 혁신적으로 앞서간 것은 아닐까? 물론 1994년 4월 어느 날 그들이 이 제품을 선보이기 전까지 짐과 동료들은 수백 번에 걸쳐 심사숙고를 했다.

1990년대의 맥주산업

10년이라는 기간 동안 보스턴 비어는 업계에서 꽤 알아주는 맥주제조업체가 되었고, 소형 제조업체 중에서는 가장 큰 업체로 성장하였다. 그러나 1990년대에 들어서자 맥주산업에도 변화가 왔다. 소형 맥주제조업체들이 발을 못 붙이도록 시장을 거의 완벽하게 점유해왔던 기존의 대형 맥주제조업체들의 시장점유율이 하락하기 시작한 것이다. 이들이 수백만 병씩 맥주를 판매하면서 구축해왔던 브랜드 이미지에 혼란이 왔다. 그러자 대형 맥주제조업체들은 가격할인 경쟁에 나서며 소비자들을 붙잡기 위해 안간힘을 썼다. 예를 들어 특별 판촉행사라도 있을 때면 12개짜리 맥주 한 팩에 버드와이저, 쿠어스(Coors), 밀러, 할 것 없이 1.99달러에 판매되었다.

이렇게 소비자의 취향이 변화고 정규 브랜드에 대한 가격할인 경쟁이 계속되자, 대형 맥주제조업체들은 높은 가격을 받을 수 있는 맥주의 개발에 나섰다. 물론 수입 맥주는 여전히 시장에서 강세를 보이고 있었고, 1993년에 비해 1994년에는 맥주 수입이 11% 증가했다. 이런 상황에서 고가의 맥주 제조만이 수익을 남길 수 있는 길이라는 생각이 대형 맥주제조업체들 사이에도 팽배하게 된다.

그리하여 대형 맥주제조업체들은 기존의 평범한 브랜드와는 차별되는 특별한 자체 브랜드를 개발하게 된다. 예를 들어서 아이스하우스(Icehouse)하면 소형 맥주제조업체가 개발한 맥주 브랜드처럼 보이지만, 이는 실은 밀러 사가 개발한 고가 맥주 브랜드의 이름이다. 수입 맥주처럼 보이는 킬리언스 아이스 레드(Killian's Ice Red)도 알고 보면 콜로라도 주 골든에 있는 쿠어스 공장에서 생산되는 것이다. 특히 킬리언은 소매업자들이 수입 맥주를 저장해놓는 창고에 보관되어 높은 가격에 팔리고 있었는데, 킬리언은 미국 최고의 전문 맥주 브랜드인 사무엘 아담스에 도전장을 내밀었다.

이러한 분위기에서 맥주산업 전체가 절망적으로 변화와 혁신을 모색했다. 그러나 1970년대에 라이트(light) 맥주가 맥주산업 전반에 획기적인 변화를 가져왔던 것처럼 맥주산업에 혁명적인 변화를 가져올 수 있는 맥주제조업체는 없었다. 물론 '아이스(ice)' 맥주가 새롭게 인기를 끌기는 했다. 캐나다에서 처음 개발된 이 맥주는 보통 맥주보다 약간 낮은 온도에서 제조되었는데, 바로 이러한 공정 때문에 알코올농도가 약간 더 높았다. 이런 공정 때문인지 아니면 '아이스'라는 이름 때문인지, 1994년에 아이스 맥주는 맥주산업 전체 매출의 6%를 차지하게 된다. 이는 모든 수입 맥주의 전체 매출보다 더 높은 비율이었다. 그러나 아이스 맥주의 성장에는 한계가 있어 보였다.

앤호이저 부시는 1990년대 초에 총매출이 9%나 하락하는 비극을 겪었지만 여전히 미국 맥주 판매시장의 44%를 점유하고 있었다. 그만큼 이 회사는 변화하기를 꺼렸다. "우리가 가지고 있는 양조시설은 모두 대형 브랜드 생산용이다. 그런데 이제 이런 빅브랜드로는 경쟁하기가 힘들어졌다. 그렇기 때문에 경쟁업체들이 너도 나도 소형 브랜드를 들고 나오는 것이다."[4] 그러나 다른 경쟁업체들의 변화경향을 비판하며 기존의 대형 브랜드만을 고수할 것 같았던 앤호이저 부시도 결국에는 슬며시 소형 브랜드 업계로 파고들고 만다. 1993년에 맥주 7만 6,000배럴을 판매했던 시애틀의 소형 맥주제조업체인 레드훅 에일 브루어리(Redhook Ale Brewery)를 인수한 것이다. 레드훅의 판매량은 앤호이저의 9천만 배럴에 비하면 말 그대로 새발의 피였다. 앤호이저의 유통업체들은 이러한 소형업체 인수를 쌍수를 들고 환영했다. 이들에게는 고수익, 고마진 상품이 필요했기 때문이다. 앤호이저가 이 소형 브랜드를 시장에 성공적으로 진입시키자 다른 대형 맥주제조업체들도 인수할 만한 소형 제조업체들을 찾아 나서기 시작했다.

대형 업체들의 이러한 변신은 짐 카치에게 큰 시련을 가져다주었다. "나는 이 덩치 큰 친구들이 무섭다. 이들에게는 자신이 찍은 시장은 얼마든지 파고들 수 있는 힘이 있기 때문이다." 그러나 그는 자신감을 잃지 않았다. "나에게는 더 우수한 맥주가 결국에는 승자가 될 거라는 믿음이 아직도 있다."[5]

계속되는 성장 행진

1995년에 보스턴 비어는 주식 530만 주에 대한 주식공개상장(IPO; initial public offering)을 발표했는데, 이 가운데 99만 주는 쿠폰을 가져오는 고객들에게 주식을 구입할 수 있는 청약권을 주는 방식으로 배분이 되었다. 이렇게 평범한 소비자들에게 주식청약권을 주는 방식은 다른 IPO에서는 전례 없는 방식이었는데, 물론 그러한 방식 때문에 전국 언론들은 이 소식을 대서특필했다.

고객들은 사무엘 아담스 여섯 개들이 팩이나 다른 포장 맥주를 구입하는 경우, 거기에 들어 있는 쿠폰을 받을 수 있었고, 이 쿠폰 한 장을 가지고 주당 15달러에 주식을 최고 33주까지 구입할 수 있었다. 결국 총 495달러어치의 주식을 구입할 수 있는 셈이었다. 물론 고객 한 명당 쿠폰은 한 장씩으로 제한되었고, 선착순 원칙이 적용되었다. 이 주식 청약권은 큰 센세이션을 불러일으켰다. 10월에 쿠폰이 배부되기 시작했는데, 11월 1일이 되자 청약자의 수가 예상을 넘어섰다. 이 회사는 IPO에서 나오는 자금이 7,500만 달러가 될 것이라고 예상했었다.[6] 그러나 1995년 11월 20일에 주식이 상장되었을 때, 높은 수요로 인해서 주가는 주당 20달러 선으로 상승해 있었다. 20달러에 배당된 이 주식은 이틀 후 미국 증시에서 30달러에 판매되었다. 이 주식의 이니셜은 샘(SAM)이라는 재미있는 이름이 되었다.

보스턴 비어는 계속해서 상승세를 탔다. 1994년에는 70만 배럴의 맥주를 제조하며 전년도 대비 50% 성장을 기록하여 미국에서 가장 큰 소형 맥주제조업체가 되었다. 1990년에 소형 맥주제조업체들이 생산한 양을 모두 합쳐도 보스턴 비어의 94년 생산량의 두 배 정도밖에 되지 않았다. 보스턴 비어는 이제 여섯 개의 계절상품을 비롯한 열두 가지 맥주를 생산하였고, 그 상품들은 미국 50개 주의 300개 도매상을 통해서 판매되었다. 짐 카치와 동료들이 새롭게 개발한 알코올농도 17도의 '트리플 복'도 시장에 출시되었다.[7]

성장이 계속되었음에도 보스턴 비어 맥주의 대부분은 여전히 기존 양조설비업체들의 시설을 빌어서 생산되었다. 그러나 1995년 초, 보스턴 비어가 사용하던 생산시설 중 가장 큰 시설인 피츠버그 맥주공장에 문제가 발생했다. 피츠버그 맥주의 오너인 마이클 칼로우가 공급 3,100만 달러를 유용한 혐의로 고소당했고, 그 결과 이 회사의 맥주설비공장도 경매에 부쳐진 것이다. 과거에 짐 카치는 맥주제조공장을 인수할 뜻은 전혀 없음을 분명히 했었다. 그리고 피츠버그 맥주 때문에 곤혹을 치렀음에도 불구하고 짐 카치의 소신은 바뀌지 않았다.[8] 아래 Information Box에서는 자체 생산시설을 건설하지 않고 다른 시설을 계약제로 이용하는 문제에 대해서 살펴보기로 하자.

|||||||||| ── **Information Box**

절제된 성장과 경비 절약 전략의 장점

신생기업이든, 설립된 지 오래된 기업이든, 경비를 최소한으로 절약할 수 있다면 여러 가지로 사업하기가 쉽다. 공장 건설이나 생산시설 구입 등 거액의 자금을 요하는 분야에 투자를 하지 않는다면, 그 회사는 쉽게 손익분기점에 도달할 수 있다. 이런 경우, 공장을 소유하고 있는 기업보다 매출이 조금 적다고 해도, 회사 경비나 금리 등에 들어가는 비용이 적기 때문에 수익을 더 많이 남길 수 있다. 게다가 위기가 발생하는 경우 인건비나 다른 경비가 덜 들어가기 때문에 좀더 쉽게 위기를 넘길 수 있다. 실제로 어떤 물건이나 시설을 '구입'하는 편이 좋을지, '임대'하는 편이 좋을지는 기업이 처한 특수한 상황을 감안하여 신중하게 고려하는 것이 좋다.

임대계약은 장점도 많지만 단점도 많다고 주장하는 사람들도 있다. 임대계약제에 반대하는 사람들은 생산시설을 임대하는 경우에는 효율성이 떨어진다고 주장한다. 다시 말해 아무리 보스턴 비어가 경영을 잘했다고 하더라도 피츠버그 양조공장에서 제대로 품질을 유지하지 못했다면 현재의 성과는 도저히 일궈낼 수 없었을 것이라는 것이다. 물론 보스턴 비어가 계약을 체결한 양조공장들은 한결같이 보스턴 비어가 요구하는 높은 품질의 맥주를 제조했다. 원하는 품질에 도달하지 못했다면 보스턴 비어는 자신의 요구를 만족시켜줄 수 있는 다른 제조설비를 찾았을 것이다.

아직도 대부분의 경영자들이나 병원이나 학교의 책임자들은 '근사한 건물'에 대한 미련을 버리지 못한다. 이들은 근사하고 높은 빌딩을 보유하고 있어야 한다고 생각한다. 겉으로 보이는 건물이 회사나 단체의 성과나 중요성을 재는 척도가 된다고 생각하기 때문이다. 이들은 근사한 건물이 있어야 일반 대중이 그 회사나 단체를 중요시 한다고 믿는다.

think about this

보스턴 비어는 IPO를 통해 1억 달러를 거두어들였다. 그렇다면 이 돈으로 '근사한 사옥'을 지었더라면 좋았을 거라고 생각하는가?

밀레니엄을 향하여

1998년, 보스턴 비어는 미국에서 일곱 번째로 큰 맥주제조업체가 되었고, 독립 맥주제조업체로는 미국에서 가장 큰 업체가 되었다. 다른 맥주제조업체들이 성장에 있어 거의 제자리걸음을 한 반면, 5년이라는 기간 동안 보스턴 비어는 39%나 성장을 했다. 특히 이 회사의 간판상품인 사무엘 아담스 보스턴 라거(Samuel Adams Boston Lager)는 동종의 다른 고급 맥주보다 더 빠른 성장을 보여 1997년 보스턴 비어 매출의 상당 부분을 차지했다.

1997년의 총매출은 1억 8,400만 달러를 기록했는데, 이는 전년도인 1996년에 비하면 3.8% 감소한 것이었다. 그러나 보스턴 비어가 주식을 공개하기 바로 전해인 1994년의 7,700만 달러에 비하면 엄청나게 증가한 것이다. 순수익도 1996년에 비하여 9.9% 감소하여 760만 달러에 그쳤는데, 그렇더라도 1994년의 530만 달러에 비하면 많이 증가한 것이다.

보스턴 비어는 12가지가 넘는 맛의 맥주를 생산했고, 이는 미국 50개 주와 해외 여러 나라에서 판매되었다. 보스턴 비어의 영업인력은 소형 맥주제조업체로서는 가장 많은 수준이며, 미국의 대형 맥주제조업체들의 영업인력에 비해서도 전혀 손색이 없다.

그러나 주식시장에서 보스턴 비어에 대한 반응은 생각보다 신통치 않았다. 앞서 설명했듯이 처음 주식을 공모했을 때는 폭발적인 반응을 얻으며 주당 30달러에 팔렸다. 그런데 이 주가는 금방 떨어지기 시작하여 1998년 말경에는 겨우 8달러에 거래되었다.

2000년이 다가오는 시점에서도 보스턴 비어의 상황은 크게 달라지지 않았다. 그렇다면 짐 카치와 초기 투자가들이 기대했던 끝없는 성장에 대한 꿈은 그저 꿈으로만 끝나는 것일까? 보스턴 비어는 오랫동안 소형 맥주제조업체로는 선두 자리를 지켜왔다. 그러나 이제는 소형 특수 맥주의 제조에 매달리는 회사만 3,000곳이 넘는다. 이들 모두 미국 전체 맥주시장의 3%를 차지하는 30억 달러의 특수 맥주시장, 즉 에일 맥주, 스타우트 맥주 등 소위 좋은 맥주시장을 겨냥하고 사업을 하고 있는 것이다. "맥주의 종류가 너무 많아지다 보니 사람들이 평범한 맥주로 다시 돌아오는 경향이 있다"고, 한 맥주산업 전문가는 분석하고 있다.[9]

경쟁이 치열해지고 상황이 어려워지자 카치는 생산하는 맥주의 종류를 줄이고 가장 잘 팔리는 라거 맥주와 4계절용 맥주만을 생산하고 있다. 카치는 6년 동안 광고회사를 네 번이나 바꾸어가며 다양한 광고를 시도했는데, 큰 성공을 거둔 광고는 하나도 없었다. 전문가들은 혹시 장래에 카치가 이 회사를 밀러 같은 대형 맥주제조업체에 판매하지 않을까 하는 생각을 했다. 2001년 중반 현재 이 회사의 주가는 8달러에서 10달러로 상승하기는 했지만, 처음 IPO 때 큰 돈을 투자한 사람들은 여전히 많은 손해를 보고 있는 상태이다.

분석

성공적인 기업가, 짐 카치

많은 사람들이 소매업이나 서비스 분야에서 창업을 시도하는데, 그 까닭은 그 분야가 자본이 가장 적게 들기 때문이다. 그러나 짐 카치는 큰 돈이 없었는데도 맥주산업에서 가능성을 찾았다. 그는 자신이 벌어놓은 돈 10만 달러에 주변 친구나 친척들로부터 모은 14만 달러를 더해서 사업을 시작했다. 비록 자금은 많지 않았지만, 그에게는 조상으로부터 물려받은 맥주제조비법과 아울러 결연한 의지가 있었다. 사용하지 않는 시설을 보유한 맥주제조공장과 생산계약을 체결함으로써 그는 사업자금을 비생산 분야, 즉 광고 같은 분야에 사용할 수 있었다.

국산이면서 가격이 비싸다는 약점에도 불구하고 일반 소비자들로부터 인정받기 위해 부단히 노력하는 카치의 모습은 대부분의 성공한 기업가들이 보여주는 전형적인 모습이라고 할 수 있다. 성공하는 기업가들은 어떤 장애가 있다 하더라도 목표를 이루기 위해 끊임없이 노력한다. 이들에게는 자신들의 상품이나 아이디어가 분명히 살아남을 수 있을 거라는 확신이 있기 때문이다. 그렇기 때문에 이들은 쉽게 좌절하지 않는다.

한편 짐 카치는 자신의 맥주가 국산 맥주나 수입 맥주에서는 전혀 찾아볼 수 없는 독특한 향과 맛, 그리고 높은 품질을 보유하고 있다고 믿었다. 그렇기 때문에 수입 맥주보다 더 비싼 값을 매길 수 있었고, 그 비싼 가격은 고품질 맥주라는 이미지를 소비자들에게 전달하는 데 결정적인 역할을 했다.

이 회사의 경우는 상품만 특별한 것이 아니었다. 광고 또한 색달랐다. 기존의 맥주들이 한결같이 품질만을 강조한 반면, 보스턴 비어는 '외국 맥주로부터 독립을 선언하자'는 캐치프레이즈를 내세우며 수입 맥주로부터의 독립을 주장했다. 또한 짐 카치 자신이 TV나 라디오 광고에 직접 출연하여 개성과 카리스마를 소비자들에게 전달했다.

보스턴 비어가 지역 브랜드에서 벗어나 전국적인 상품이 되자, 짐 카치는 영업인력을 미국 맥주계의 거장 앤호이저 부시 수준으로 끌어올렸다. 그의 독특한 개성은 주식을 공개상장하는 방법에서도 드러난다. 여섯 개들이 맥주 한 팩 속에 주식을 신청할 수 있는 쿠폰을 넣음으로써 일반 소비자들의 관심을 끈 것이다. 물론 이 방법은 예상했던 것보다 훨씬 히트를 쳤다.

절제된 성장이 필요하다

그 어떤 회사라도, 특히 신생기업이거나 소규모 기업인 경우, 수요가 계속해서 증가할 기미가 보이면 주저하지 않고 사세를 확장하는 경향이 있다. "지금 이렇게 하지 않으면 영영 기회를 놓치고 말 것이다"라고 생각하기 때문이다. 그러나 시장이 포화상태에 이르거나 강력한 라이벌의 등장으로 수요가 갑자기 감소하는 경우, 이러한 지나친 낙관주의는 큰 재앙을 불러온다. 공장이나 기타 고정자산에 큰 돈을 투자해 놓은 경우, 부담은 더 커질 수밖에 없기 때문이다.

이러한 재앙을 방지하기 위해서는 절제된 통제―우리는 이것을 '공격적 절제'라고도 부른다—가 필요하다. 물론 성장을 하지 말라는 뜻은 아니다. 적극적으로 성장을 추구하되, 현재 보유하고 있는 능력을 지나치게 벗어나는 욕심을 부리지는 말라는 뜻이다. 보스턴 비어는 꼭 필요한 경우 몇몇 양조공장과 계약을 추가로 체결했을 뿐, 생산범위를 벗어나서 지나친 확장을 모색하지는 않았다. 물론 초기에는 이 시장 저 시장으로 세 확장을 모색했지만, 그때도 공급능력을 벗어나지는 않았다. 보스턴에서 시작한 후 차례차례 워싱턴 D.C., 뉴욕, 시카고, 캘리포니아, 그리고 마침내는 미국 50개 주에 모두 진출했다.

물질적인 면에서나 인력 면에서나 반드시 필요한 지출만 하는 '공격적 절제' 전략은 높은 품질과 만족스러운 서비스를 제공하면서도 얼마든지 가능하다. 또한 공격적 절제 전략은 재고와 회계의 기준을 마련할 수 있게 해주고, 재고와 비용이 위험수준으로 늘어나는 것을 막는 제어장치도 마련해준다.

성장에는 한계가 있기 마련이다

신생기업이 한창 잘 나갈 때는 그 성장 흐름에 제동이 걸릴 것이라는 예측을 하기가 어렵다. 그러나 일반적으로 성장에 제동이 걸리는 일이 많은데, 그 원인은 크게 다음 두 가지로 분석해볼 수 있다.

1. 진출에의 용이함 때문에 언제든 다수의 경쟁자가 출현할 가능성이 있기 때문이다. 그 대표적인 분야가 바로 소규모 맥주제조업인데, 이 분야는 진출하기가 쉬운 관계로 불과 몇 년 안에 무려 3,000개가 넘는 기업이 출현했다. (닷컴기업들의 경우도 바로 이

런 원인 때문에 몰락했다.)

2. 일반 맥주가 아닌 특별한 맥주시장이 매우 견고해 보였고, 수요
   도 계속 증가세를 보일 것 같았는데, 결국은 수요의 한계 때문에
   일반 맥주시장의 흐름을 뒤엎기에는 역부족인 것으로 드러났다.
   (수요 한계 요인은 하이테크산업의 몰락과 21세기 초 미국 증시
   붕괴에도 결정적인 역할을 했다.)

이처럼 소규모 맥주산업에 수많은 경쟁업체가 출현하고 수요의 한
계가 느껴짐에 따라, 맥주산업을 지배하겠다는 짐 카치의 야심은 수그
러들고 말았다. 물론 보스턴 비어는 아직도 수익을 내고 있으며, 틈새
시장을 파고들어 잘 해내고 있다. 그러나 그 이상을 넘어가지 못하는
것이 그의 한계이다. 그 정도만으로 만족하는 기업인들도 많다. 시장
을 거의 완벽하게 지배하는 반지의 제왕이 될 것이라고는 기대하기 힘
들기 때문이다.

결론

고가전략을 택할 것이냐, 저가전략을 택할 것이냐?

오늘날 우리는 가격에 관한 상반되는 현상을 목격할 수 있다. 대부분
의 소비자들은 일반 소매점보다 가격이 훨씬 싸기 때문에 할인점에서
쇼핑을 한다. 항공 분야만 보아도 사우스웨스트 항공이나 컨티넨털 항

공의 경우처럼 저가공세를 펴는 항공사들로 고객이 몰린다. 그러나 상당수 상품들의 경우, 특히 제품의 성분이나 구조가 복잡한 경우, '가격'이 품질을 평가하는 척도가 된다. 다시 말해 고가제품이 품질도 좋을 것이라는 평가를 받는 것이다. 보스턴 비어는 고가전략으로 다른 일반 맥주와의 차별화에 확실히 성공했다. 실제로 맛도 분명 달랐으며, 광고에서도 품질을 강조한 전략이 보스턴 비어의 성공요인 중 하나라고 할 수 있다.

이런 관점에서 보면 저가전략도 고가전략도 모두 성공할 수 있다. 그러나 저가전략의 경우 경쟁사가 쉽고 신속하게 가격을 인하하며 따라잡을 수 있기 때문에 일반적으로 매우 취약한 전략이라고 할 수 있다. (또한 저가공세를 펴다 보면 수익을 내지 못할 때도 있다.)

반면 고가전략의 경우, 위험부담이 커서 따라오는 경쟁업체가 많지 않다. 대신 고가전략의 경우 찾는 고객이 그리 많지 않다는 데에 문제가 있다. 고가전략은 일반적으로 가격이 그리 비싸지 않아 소비자들에게 별로 부담이 되지 않는 상품, 예를 들면 맥주처럼 아주 고급스럽고 맛이 독특해서 그 이미지 때문에 그 브랜드를 찾지 않을 수 없는 경우에 성공할 확률이 높다.

통제할 수 있는 수준을 벗어난 무리한 확장을 지양하라

앞의 분석에서 우리는 절제된 성장 또는 공격적인 절제의 미덕에 대해서 배웠고, 보스턴 비어는 그 미덕을 살릴 줄 알았던 기업이라는 얘기를 했다. 물론 그렇게 느리게 성장을 추구하다가는 다가오는 기회를 놓치고 말 것이라고 주장하는 사람들도 있다. 그들은 황금 같은 기회가 주어질 경우에는 무리하더라도 성장을 추구해야 한다고 주장한다. 일부에서는 이런 전략을 '공을 들고 뛰는' 전략이라고 표현한다. 그런 상황에서는 가능한 한 빠른 속도로 성장지향적인 경영을 해야 한다는 것이다. 그러나 우리는 그 이후를 경계해야 한다.

어느 일이나 기회가 있으면 위기가 따라오기 마련이다. 특정 시장이 붐을 이루면 기업은 수요를 따라잡지 못하게 되고, 그러다 보면 생산능력이나 장비를 늘리게 되는데, 후에 수요가 감소하면 위기에 빠지게 되는 것이다. 앞날에 대한 수요를 평가할 때는, 그런 폭발적인 수요증가 추세는 오래 가지 못할 것이며, 그러한 수요증가는 경쟁기업들의 출현을 야기할 것이라는 예측을 해야 한다. 그래야 기회를 포착하되 위기에 빠지지 않을 수 있다. 기쁨은 잠시이고, 수요가 감소하면 확장해놓은 시설들은 남아돌 수밖에 없다. 게다가 무리하게 끌어다 쓴 자금에 대한 금리 부담은 크고, 관련 시설의 유지비는 점점 증가하게 된다. 이 모든 것들 때문에 결국 회사의 생존 자체가 위협받게 되는 것이다. 결론적으로 말해서 어떤 기업이든 통제할 수 있는 재원이나 조직수준을 벗어나서 무리하게 확장을 해서는 안 된다. 앞을 내다보지 못하고 항해를 하는 경우, 회사 전체가 폭풍 속으로 들어갈 위험이 있기 때문이다.

누구나, 특히 새로운 벤처기업의 경우, 가능한 한 손익분기점을 낮게 잡아라

공장이나 기계, 장비 등 고정자산에 많은 자금을 투자하는 경우, 시설을 유지하기 위해, 그리고 그 자금을 회수하기 위해 매출과 수익 예상

선을 높게 잡아야 하고, 그러다 보면 손익분기점이 높아질 수밖에 없다. 보스턴 비어의 경우 공장을 건설하지 않고 타기업의 양조시설을 임대하는 방식을 채택함으로써 손익분기점을 낮게 유지할 수 있었다. 물론 이렇게 계약을 체결한 업체들의 생산수준이 일정하지 않았거나 기대치에 미치지 못했다면 보스턴 비어는 위기에 처했을 수 있다. 그러나 다행히도 보스턴 비어에는 큰 문제가 없었다. 특히 고가 맥주에서처럼 좋은 품질이 제품의 생명인 경우, 품질관리에는 각별히 신경을 써야 한다. 보스턴 비어는 경험이 풍부한 양조업체들과 긴밀한 협력을 유지했기 때문에 품질저하로 인한 문제는 겪지 않을 수 있었다.

손익분기점을 낮게 잡을수록 위험도 줄어든다. 아무리 연구를 많이 하고 세심한 계획을 수립한다 해도 미래는 예측하기 어렵다. 실수는 언제든 범할 수 있다. 게다가 고객의 취향도 선호도도 언제든 변화할 수 있고, 사업환경도 언제 변할지 모른다. 또한 경쟁업체에서 어떤 전략을 들고 나올지도 모른다.

물론 확실히 기회가 보이는데 지나치게 보수적인 전략을 유지함으로써 기회를 놓치는 것도 바람직하지 않다. 그러나 위험이 크고 미래가 불확실한 경우, 자금을 조금 더 확보하고 성공요인이 좀더 확실하게 나타난 후에 결정해도 늦지 않을 것이다.

품질관리는 무엇보다 중요하다

고가제품의 경우, 조금만 품질관리가 소홀해도 제품 이미지에 큰 타격을 입는다. 짐 카치는 뉴욕 링컨센터 건너편에 위치한 한 레스토랑에서 사무엘 아담스 한 잔을 주문한 적이 있다. 그런데 웨이터가 가져온 맥주를 마셔보고 그는 기겁을 했다. 맥주맛이 형편없었기 때문이다. 그는 식당 매니저를 불러서는 함께 지하 보관창고로 가서 저장통을 살펴보았다. 그 맥주는 유효기간이 이미 두 달 반이나 지난 것이었다. 유통업체가 알고 판매한 것인지 모르고 판매한 것인지는 모르지만, 매니저는 신속하게 그 통을 치웠다.[10]

이처럼 품질의 문제가 제조업체의 문제라기보다는 유통업체나 딜러의 문제로 드러날 경우가 있다. 그러나 누구의 실수이든 간에 브랜드의 이미지는 손상이 된다. 질이 형편없다고 낙인이 한번 찍히면 그 불명예에서 벗어나기란 정말 어렵다.

투자가들은 주식공개상장의 리스크를 염두에 두어야 한다

기업이 주식을 공개상장하는 경우 일반인들의 관심이 지나치게 커져서 비정상적으로 높은 가격에 주가가 책정되는 경우가 종종 있다. 보스턴 비어가 틈새시장을 잘 뚫고 들어가 그 시장을 지배하기는 했지만, 후에 주가가 초기보다 많이 하락하여 대부분의 투자가들은 실망을 금치 못했다. 이런 문제를 예방하려면 신생기업에 투자를 결정하기 전에 일반 대중의 열기가 조금 식기를 기다렸다가 투자하는 것도 좋은 전략일 것이다.

다음 질문에 답해봅시다

❶ 보스턴 비어의 맥주를 마셔본 적이 있는가? 그렇다면 맛이 마음에 들었는가? 비싼 가격만큼 값을 한다는 생각이 들었는가?

❷ 투자자들은 보스턴 비어가 급성장을 할 것이고, 그러면 주가도 초기 공모 주가보다 훨씬 상승할 것이라고 믿었다. 그러나 그렇지 못했다. 어째서 많은 사람들이 그런 믿음을 갖게 되었다고 생각하는가? 그리고 짐 카치가 그들의 기대에 부응할 만큼 제대로 경영을 하지 못했기 때문에 주가가 상승하지 못했다고 생각하는가?

❸ "수많은 특수 맥주의 출현은 일시적인 유행에 불과하다. 사람들은 가격이 비싸고 맛이 강한 맥주에 곧 식상하게 될 것이다. 대부분의 경우, 제조업체들이 트릭을 부리는 데 속아 넘어간 것이다." 이 주장에 대해 논하시오.

❹ 다양한 맛의 맥주가 계속 등장하는 현상 앞에서 소매업자들이 당면하게 될 문제는 무엇이라고 생각하는가? 그리고 그러한 현상을 어떻게 분석하고 대처해야 한다고 생각하는가?

❺ 고가 맥주를 판매하는 기업의 전략에 대해서 끝까지 반대하는 이론을 내세워보시오. (어떤 이론과 분석을 내세워서라도 상대방을 항복시켜 보시오.)

❻ 우리는 짐 카치 자신이 레스토랑에서 변한 맥주맛을 보았다는 에피소드를 앞에서 살펴보았다. 그런 사태가 재발하지 않게 하려면 보스턴 비어는 어떠한 조처를 취해야 할까? 그것은 유통업체의 실수일까? 아니면 그러한 상황마저 제대로 관리하지 못한 보스턴 비어 측의 실수일까?

❼ 보스턴 비어가 일반 맥주시장만으로는 성에 차지 않아 소형 특수 맥주 시장에 뛰어들고 있는 대형 맥주제조업체들을 상대로 아무 탈 없이 계속 경쟁할 수 있을 것이라고 생각하는가?

❽ 1998년에 보스턴 비어는 12가지가 넘는 종류의 맥주를 생산하고 있었다. 이것과 관련한 문제는 없다고 생각하는가?

그때 내가 그 자리에 있었다면

❶ 본인은 짐 카치이다. 앞에서 살펴봤던 오피스맥스의 창업자 마이클 퓨어는 뛰어난 경영수완을 발휘하여 7년 만에 오피스맥스를 18억 달러짜리 기업으로 키워냈다. 그런데 짐 카치 본인은 보스턴 비어를 겨우 5천만 달러 규모 기업으로 키워내는 데에 십 년이라는 세월이 걸렸다. 본인은 회사를 크게 키워내지 못해서 속상하고, 어떻게 하면 급성장을 할 수 있을지 그 방안을 찾고 싶다. 어떻게 하면 급성장의 길을 갈 수 있을까? 그러한 전략에 위험은 없을까?

❷ 때는 1986년이고, 보스턴 비어는 피츠버그 양조공장에서 맥주를 생산하기 위한 계약을 체결하고 이제 막 걸음마를 뗀 상태이다. 본인은 짐 카치의 부하직원인데, 짐 카치는 당신에게 피츠버그 양조공장과 긴밀한 관계를 유지하면서 품질관리에 각별히 유의하라는 지시를 내렸다. 이러한 임무를 어떻게 수행해 나가겠는가?

그룹 토론을 해봅시다

보스턴 비어가 1995년에 주식공모를 통해 모은 1억 달러를 어떻게 사용하는 것이 좋을지 그 방안에 대해 토론해봅시다. 특히 그 돈으로 이제는 맥주를 자체적으로 생산할 수 있는 공장을 지어야 한다는 의견에 대해서 논하고, 다른 방안이 있으면 제시해보시오.

더 연구해봅시다

오늘날 보스턴 비어의 상황은 어떠한가?
팽창정책을 구사하고 있는가, 아니면 절제된 성장정책을 구사하고 있는가?
오늘날 특별히 당면하고 있는 문제는 없는가?
이 회사의 주가는 초기의 30달러 선을 회복했는가?

3

위기관리의 귀감

– 존슨 앤드 존슨 타이레놀 독극물 투여 사건

- 위기에 처했을 때 관련 브랜드를 구하는 것은 가능하나, 그 비용은 실로 엄청나다
- 제품의 안전에 문제가 발생하면 그에 따르는 소송의 위험을 감수해야 한다
- 모방범죄를 조심하라
- 아무리 큰 위기가 발생해도 올바른 위기타개전략을 구사하면 회생할 수 있다
- 우발적인 사태에 대비하는 자세를 갖춰라

1982년에 존슨 앤드 존슨(Johnson & Johnson)은 이 회사 최고의 간판 상품인 타이레놀에 독극물이 투여되어 소비자들이 목숨을 잃는 사건으로 인해 최대 위기를 겪었다. 하지만 당시 이 회사의 최고경영자였던 제임스 버크는 위기를 현명하게 극복했고, 그 사례는 많은 연구 논문과 경영 서적에서 위기관리의 최고 모델로 소개되고 있다. 존슨 앤드 존슨은, 위기가 발생했을 때 기업은 어떠한 희생을 치르고서라도 소비자들에게 책임을 다해야 한다는 책임의식을 보여주었다.

비극의 시작

때는 바야흐로 1982년 9월 30일이었다. 뉴저지주 뉴브런즈윅에 있는 존슨 앤드 존슨 본사 사옥 5층에서 제임스 E. 버크 회장은 대표이사 데이비드 R. 클레어와 만나 조용히 담화를 나누고 있었다. 두 사람은 두 달에 한 번은 이렇게 만나서 임원회의에서 거론되지 않은 주요 사안 한두 가지와 기타 문제들에 대해 서로의 의견을 나누곤 했다. 그날따라 두 사람의 기분은 매우 좋았다. 존슨 앤드 존슨의 매출과 수익이 모두 급상승을 했으며, 그 어느 때보다 사업 전망이 밝다는 보고서를 받았기 때문이었다. 햇살이 눈부신 9월의 아침에 이들은 사업이 아닌 개인적인 문제까지 서로 털어놓고 얘기할 정도로 마음에 여유가 있었다.

존슨 앤드 존슨은 어떤 기업?

존슨 앤드 존슨은 전세계 많은 국가에서 건강 관련 제품을 생산·판매하는 기업이다. 표 3-1을 보면 이 회사에서 생산하는 제품의 종류가 얼마나 다양한지 잘 알 수 있다. 이 표는 또한 각 제품이 회사의 전체 매출에서 차지하는 비중이 얼마나 되는지도 잘 보여주고 있다. 존슨 앤드 존슨은 1981년에 〈포춘(Fortune)〉지가 선정한 미국 500대 기업 중 68번째 기업으로 선정되었으며, 그 당시 매출은 54억 달러였다. 존슨 앤드 존슨의 사업부는 의료전문사업부, 제약사업부, 공산품사업부, 소비자사업부 이렇게 4분야로 나뉘어져 있다. 의료전문사업부에서는 봉합용 실, 외과용 붕대, 기타 외과 수술 관련 제품들을 생산·판매하고 있으며, 제약사업부에서는 처방약품을, 공산품사업부에서는 섬유 관련 제품, 산업용 테이프, 그리고 순수 화학제품을 생산·판매한다.

소비자사업부는 네 사업부 중에서 규모가 가장 큰데, 화장실용 제품 및 영유아용 제품, 구급약품, 비처방약품 등 소비자용 건강보건제품을 생산·판매한다. 이 소비자사업부에서 생산하는 제품들은 일반 대중을 겨냥하고 있기 때문에 보통은 도매업자들을 통해 판매되는데, 물론 독자적인 소매체인이나 개인 소매매장에서 직접 판매하기도 한다.

존슨 앤드 존슨은 책임감 있고 신뢰할 수 있는 기업이라는 이미지를 구축하기 위해 오랫동안 노력해왔다. 그 결과 이 회사가 생산하는 제품들은 영아 제품에서부터 노인을 위한 제품에 이르기까지 믿을 수 있고 안전하다는 의식을 소비자들에게 심어줄 수 있었다. 이러한 기업의 책임감은 존슨 앤드 존슨이 인수한 기업인 맥닐 라보라토리스(McNeil Laboratories)같은 기업이 생산하는 제품과 경영철학에도 그대로 반영되었다.

표 3-1_ 존슨 앤드 존슨의 제품 분류별 매출액 및 전체 매출에서 차지하는 비율, 1983년 통계

제품 분류	매출액 (백만 달러)	전체 매출 대비 비율(%)
외과 및 응급처치 장비	1,268	21
제약	1,200	20
생리대 및 탐폰	933	16
유아용품	555	9
진단장비	518	9
타이레놀 및 유사 약품	460	8
기타 (병원 공급 제품, 치과용 제품, 피임약)	1,039	17
합계	5,973	100

• 출처: "After Its Recovery, New Headaches for Tylenol," *Business Week* (May 14, 1984), p.137.

타이레놀의 성공

아세타미노펜 계열의 진통제인 타이레놀은 1970년대 후반과 1980년대에 제약업계에 말 그대로 센세이션을 불러일으킨 성공의 대명사였다. 1955년에 맥닐 라보라토리스에 의해 아스피린 대체 상품으로 개발·출시된 이 제품은 아스피린이 지닌 후유증을 없앴다는 점에서 소비자들로부터 큰 사랑을 받았다. 이 맥닐 라보라토리스를 존슨 앤드

존슨이 1959년에 인수하였고, 그 후 맥닐은 독자적인 자회사로 운영되었다.

1974년경 타이레놀의 소매 기준 매출은 5,000만 달러에 이르렀다. 이는 주로 내과의사들에게 집중적으로 광고를 한 전략이 주효했기 때문이었다. 1976년부터는 일반 소비자들을 대상으로 한 전국적인 광고 캠페인이 시작되었는데, 그 효과는 놀라웠다. 그 결과 1979년에 이르러 타이레놀은 프록터 앤드 갬블(Procter & Gamble)의 크레스트(Crest) 치약이 18년 동안 지켜오던 아성을 빼앗으며 보건 미용 분야에서 가장 많이 팔린 제품으로 선정되었다.

또한 1982년에는 진통제 시장의 35.3%를 점유하기에 이르는데, 이는 바이엘(Bayer), 버퍼린(Bufferin), 아나신(Anacin) 등을 모두 합한 시장점유율보다 더 높은 수치였다. 표 3-2를 보면 타이레놀이 진통제 시장에서 다른 경쟁사 제품에 비해 얼마나 경쟁력이 높은지 쉽게 알 수 있다. 타이레놀의 총매출은 1976년에 1억 1,150만 달러에서 1982년에는 3억 5,000만 달러로 상승했는데, 이는 무려 204%나 되는 상승률이다. 특히 이러한 약진이 경쟁이 치열한 진통제시장에서 이루어졌다는 점에서 더 높이 평가받고 있다. 이러한 도약의 결과 타이레놀은 존슨 앤드 존슨의 전체 매출에서 무려 7%를 차지하는 일등공신이 되었다. 더 놀라운 사실은 수익 면에서 볼 때 타이레놀이 이 회사 전체 매출의 17%를 차지하게 되었다는 사실이다.

바로 이렇게 모두 들뜨고 기뻐하는 순간에 위기가 찾아온 것이다.

표 3-2_ 소비자 진통제 시장에서 주요 브랜드의 시장점유율, 1981년

브랜드	시장점유율(%)
타이레놀	35.3
아나신	13
바이엘	11
엑시드린	10.1
버퍼린	9

* 출처: "A Death Blow for Tylenol?" *Business Week*(October 18, 1982), p. 151.

위기 발생

1982년 9월 말의 어느 수요일 아침, 아담 재너스는 가슴에 약간의 통증을 느꼈다. 그리하여 강력한 효과를 지닌 초강력 타이레놀(Extra-Strength Tylenol) 캡슐 한 병을 구입하여 그 중 캡슐 하나를 먹었는데, 그는 그날 오후 중반 쯤에 사망했다. 같은 날 스탠리 재너스와 그의 부인도 같은 병에서 타이레놀 캡슐을 꺼내 먹었는데, 두 사람 모두 금요일 오후에 사망했다. 이들의 사망에 이어 그 주 주말에 시카고 지역에 거주하는 4명의 주민이 유사한 이유로 또 사망을 했다.

사망의 원인은 청산가리였다. 청산가리는 혈액이 온몸으로 산소를 운반하는 능력을 저하시켜 결국 심장 · 폐 · 뇌의 기능을 마비시켜 15분 안에 사람을 죽게 만드는 독약이다. 바로 이 청산가리가 초강력 타이레놀 캡슐에 들어 있어 사람들의 목숨을 앗아간 것이다. 일리노이 주 알링턴하이츠에 있는 노스웨스턴 커뮤니티 병원의 중환자병동 담

당의사인 토머스 킴 박사는 "피해자들에게는 회생의 기회가 전혀 없었다. 청산가리를 먹으면 손 쓸 틈 없이 순식간에 사망하기 때문이다"라고 상황을 설명한 바 있다.[1]

의학 검식반원들은 사망자들의 집에서 타이레놀 병들을 회수하여 청산가리가 투입된 타이레놀 캡슐 10알을 더 찾아냈다. 그 캡슐들을 살펴본 결과, 누군가가 캡슐의 반쪽인 빨간색 부분을 살짝 잘라내어 그곳에 있던 흰색 타이레놀 가루약을 빼내고 대신 아몬드 냄새가 나는 회색 청산가리를 집어넣은 것이었다. 어떤 캡슐에는 청산가리가 65㎎이나 들어 있었는데, 50㎎ 정도면 인간이 즉시 사망할 수 있는 치사량이다.

맥닐 라보라토리스의 경영진은, 기자들이 독극물로 인한 사망에 관해 보도하면서 이 비극에 대해 어떻게 생각하는지 의견을 물어옴에 따라 자세한 상황을 알게 되었다. 이 사건이 언론에서 보도되자, 약국, 병원, 의료진, 독극물처리센터, 그리고 수많은 소비자들로부터 문의전화가 쇄도했다. 맥닐 측은 피해자의 신원, 사망 원인, 독극물이 투여된 타이레놀 병 개수, 독극물이 투여된 타이레놀이 판매된 매장, 이 타이레놀의 제조일자와 유통경로에 대해서 신속하게 정보를 수집했다.

소비자들에게는 타이레놀 경계령이 내려졌다. 존슨 앤드 존슨은 문제의 타이레놀 캡슐 병들을 모두 리콜했으며, 소비자들에게 문제의 원인이 확실하게 밝혀질 때까지는 절대로 초강력 타이레놀을 복용하지 말 것을 당부했다. 또한 미국 전역에 걸쳐 약국 및 슈퍼마켓의 진열장에서 모든 종류의 타이레놀 제품이 철수되었다. 그리하여 어디에서도 타이레놀 제품은 찾아볼 수가 없게 되었다.

청산가리 투여과정을 추적한 결과, 제조과정에서는 고의에서든 사고로든 독극물을 투여할 수 있는 가능성이 전혀 없다는 결론이 내려졌다. 독극물이 투여되었던 캡슐들은 두 군데의 공장에서 제조된 것이었다. 시카고 지역에 있는 맥닐공장 두 곳에서 동시에 독극물이 투여되는 일이 발생한다는 것은 상상할 수 없었다. 미국식품의약청(FDA; Food and Drug Administration)은 생산과정과는 전혀 관계없는 어느 누군가가 가게에서 타이레놀 캡슐병을 구입한 후 그곳에 청산가리를 투여하여 다시 그 병을 매장에 갖다놓은 것이 아닌가 하는 추정을 했다. 만일 공장의 생산과정에서 독극물이 투여되었다면 왜 미국 전역이 아닌 시카고 지역에서만 사망자가 발생했겠는가?

이러한 점에서 존슨 앤드 존슨 측은 누명을 벗을 수 있었다. 그러나 이 회사에게 아무런 책임이 없다고 해도 기업의 간판상품에 독극물이 투여되고 이로 인해 사망자가 여러 명 발생했다는 사실은 이 회사에 치명타로 작용했다. 차라리 그런 범행을 저지른 범인이 잡혔다면 문제를 수습하기가 훨씬 쉬웠을 것이다. 그러나 불행히도 100명의 FBI 요원들과 일리노이 경찰들로 구성된 특별조사팀이 2,000건 이상을 조사하고 57건 이상의 신고에 대해 조사를 했는데도 범인은 도저히 찾을 수가 없었다.[2]

존슨 앤드 존슨의 대응

위기가 발생하자 존슨 앤드 존슨은 회사 전체 차원에서 위기관리 경영 체제를 강화하고, 한 단계 더 나아가 피해로부터 신속한 회복을 모색하는 새로운 경영대책 마련에 나섰다. 존슨 앤드 존슨의 3단계에 걸친 위기타개 및 회복작전은 다음과 같이 구성되었다. 제1단계 : 어떠한 일이 발생했는지 그 실상을 정확히 파악한다. 제2단계 : 피해액이 어느 정도 되는지 정확히 평가한다. 제3단계 : 타이레놀을 다시 시장으로 돌려보낸다.

사실 이런 위기가 발생하기 전에 존슨 앤드 존슨은 자사에 관한 정보를 언론에 많이 노출시키지 않는 편이었다. 그러나 위기 발생 이후에는 가능한 한 정확한 최신 정보를 언론에 제공하려고 노력했다. 그래야만 공포에 사로잡혀 있는 소비자들에게 안도감을 줄 수 있을 거라는 확신 때문이었다. 존슨 앤드 존슨은 15명으로 구성돼 있던 맥닐의 PR 부서에 25명의 PR 전문가를 충원했다. 한편, 위기가 발생하자 그동안 내보내던 타이레놀 광고는 중단했다. 그리고 물론 모든 타이레놀 캡슐은 리콜 처리되었는데, 1억 달러어치가 넘는 타이레놀병 3,100만 개가 리콜되었다. 또한 캡슐 형태의 타이레놀을 알약 형태로 교환해준다는 50만 건의 전보를 개인병원, 종합병원, 유통업자들에게 보냈으며, 각종 언론사에는 어떠한 정보라도 새로운 것이 밝혀진다면 즉시 알리겠다고 약속하는 편지들을 보냈다.

독극물 투입이 제조공정에서 이루어진 것이 아니라는 증거가 밝혀
지자, 존슨 앤드 존슨 측은 제2단계 작전으로 돌입했다. 금전상으로 존
슨 앤드 존슨은 1억 달러가 넘는 손해를 보았다. 소매매장 및 소비자들
이 리콜한 타이레놀 값을 환불해주고, 멀리 있는 곳의 경우 타이레놀
병을 일정 지점까지 실어놓았다가 그곳에서 다시 회수 지점으로 가져
오는 데에 엄청난 비용이 들어갔기 때문이다. 그 외에 전보를 보내는
비용만 해도 50만 달러가 넘게 들어갔으며, 이 사태와 관련한 소송에
들어갈 비용만 해도 수백만 달러가 예상되었다.

그러나 이러한 금전적 피해보다 더 심각한 것은 브랜드 이미지의 손
상이었다. 많은 사람들은 타이레놀이 브랜드로서의 가치를 완전히 잃
을 것이라고 예상했다. 일부 전문가들은 이미지가 완전히 손상된 타이
레놀을 가지고 시장을 재공략할 수 있는 가능성은 아예 없으므로 새로
운 약품명을 도입하여 새출발을 해야 한다는 제안을 하기도 했다.

독극물 투여 사건 이후 한 달이 지나 존슨 앤드 존슨 측이 실시한 여
러 여론조사 결과는 타이레놀이 브랜드로서 살아남을 가능성이 거의
없다는 사실을 확인시켜주었다. 이렇게 실시된 조사들 중 한 조사에서
는 응답 소비자들의 94%가 타이레놀 독극물로 인해 사람이 사망했다
는 사실을 알고 있다고 답변했다. 물론 이 응답자들 중 87%는 타이레
놀 제조업체에게 사망의 책임이 없다는 사실을 알고 있다고 대답했지
만, 61%는 향후 다시 타이레놀을 구입하지 않겠다는 반응을 보였다.
더 심각한 것은 응답자의 50%가 이번에 문제가 되었던 캡슐 형태의 타
이레놀뿐만 아니라 정제 형태의 타이레놀도 절대 구입하지 않겠다는
반응을 보인 것이었다. 한 가지 희망이 보이는 조사 결과는 타이레놀

을 빈번하게 구입했던 구매자들의 49%가 장래에 다시 타이레놀을 구입할 의사가 있음을 밝혔다는 사실이다.[3]

이런 조사 결과를 확인한 존슨 앤드 존슨은 절망에 빠졌다. 사실 타이레놀 브랜드를 소비자들에게 주입시키기 위해 얼마나 많은 광고를 했으며, 그 광고에는 얼마나 많은 돈을 쏟아부었던가? 그렇게 힘들게 쌓은 탑을 한순간에 무너뜨려야 한다는 사실을 존슨 앤드 존슨은 인정할 수가 없었다. 어떻게든 타이레놀이라는 브랜드명은 그대로 보존하고 싶었다. 그러나 어떤 방법으로 소비자들의 신뢰를 회복할 수 있을지 난감하기만 했다. 소비자들의 공포감이 채 가라앉기도 전에 타이레놀을 그 이름 그대로 다시 매장에 진열해놓는다면 그 제품은 소비자들로부터 철저히 외면당할 것은 불을 보듯 뻔한 일이었다. 그렇다고 소비자들이 이 사건을 완전히 잊어버릴 때까지 기다리자니 그 사이에 경쟁업체들에게 시장을 다 빼앗길 것이 염려가 되었다. 소비자들을 중심으로 실시한 여론조사 결과를 놓고 존슨 앤드 존슨의 경영진은 고심에 고심을 거듭했는데, 문제는 조사 결과를 얼마나 신뢰할 수 있느냐 하는 것이었다. 회사의 중역 한 사람은 회사 측의 의구심을 다음과 같이 표현했다. "문제는 소비자 조사 결과가 소비자들의 생각을 반영할 뿐, 실제 행동은 생각과 다를 수 있다는 점이다. 가장 좋은 방법은 제품을 다시 매장 진열대에 갖다놓고 소비자들이 구입을 하는지 어떤지 실제 반응을 보는 것이다."[4] 매장에 다시 가져다놓는 것은 좋다. 그런데 가장 좋은 타이밍은 도대체 언제란 말인가?

존슨 앤드 존슨은 우선 정기적으로 타이레놀을 구입·복용하는 소비자들에게 초점을 맞추고 그들의 신뢰를 회복한 다음 일반 소비자들에게로 신뢰의 폭을 넓혀가는 방향으로 전략을 세웠다. 가장 바람직한 기대는 소비자들이 정제 형태의 타이레놀뿐만 아니라 캡슐 형태도 다시 구입해주는 것이었다. 정기적인 복용자들의 신뢰를 회복하기 위해 존슨 앤드 존슨은 소비자들의 신뢰를 회복할 수만 있다면 무슨 일이든 하겠다는 내용의 TV 광고를 내보냈다. 그 광고에서는 맥닐의 메디컬 디렉터인 토머스 게이츠 박사가 출연하여 "타이레놀은 지난 20년 동안 전문 의료진들과 1억 미국 소비자들의 전적인 신뢰를 받아왔습니다. 우리는 여러분께 다시 한 번 타이레놀에 신뢰를 보내주실 것을 부탁드립니다"라는 내용으로 소비자들에게 호소했다.[5]

한편 존슨 앤드 존슨은 그동안 캡슐 형태의 타이레놀을 복용하던 소비자들에게 이물질을 투여하기가 훨씬 어려운 정제 형태의 타이레놀로 바꾸어 복용할 것을 권유하기 시작했다. 이를 위해 이 회사는 캡슐을 가져오면 언제든지 정제로 교환해준다는 광고를 내보냈다. 그 외에도 존슨 앤드 존슨은 신문 일요일판에 7,600만 개의 쿠폰을 실었는데, 그 쿠폰은 타이레놀 구입 시 2달러 50센트를 할인해준다는 것이었다.

소비자들의 신뢰를 회복하기 위한 이러한 노력 외에도 존슨 앤드 존슨은 독극물 투여 사건과 같은 사태를 미연에 방지하기 위한 새로운 포장방법을 도입했다. 타이레놀병이 들어 있는 종이 포장 박스를 더욱 단단히 포장하여 누군가가 손을 대는 경우 확실히 표시가 나게 만들었다. 병뚜껑과 병목 부위도 튼튼하게 플라스틱으로 밀봉하여 그 위에 회사 이름을 확실히 새기고 병의 내부도 호일로 다시 한 번 막았다. 그리고 종이상자와 내부의 플라스틱병 위에 "조금이라도 포장이 파손되어 있는 경우에는 절대 사용하지 마십시오." 하는 경고문을 새겨놓았다. 이렇게 삼중 포장을 하는 데에 병 한 개당 2.4센트의 추가비용이 들었지만, 존슨 앤드 존슨 측은 소비자들이 제품안전도에 대한 신뢰를 회복하여 다시 이 브랜드를 판매할 수 있게만 된다면 비용은 얼마든지 감수하겠다는 태도를 보였다. 또한 유통업체들의 신뢰를 회복하기 위해 이 회사는 주문을 하는 경우 일반 할인율보다 25% 더 할인해주는 제도를 채택했다.

타이레놀 독극물 투여 사건 이후 타이레놀을 쓰레기통에 버렸다고 대답한 소비자들에게는, 무료 전화번호를 이용해 전화를 해올 경우 2달러 50센트짜리 쿠폰을 보내주겠다는 약속을 했다. 캡슐이 24개 담긴 병이나 정제 30알이 담긴 타이레놀 한 병 가격이 2달러 50센트인 사실을 감안하면, 이는 무료로 타이레놀 한 병씩을 제공하겠다는 약속이나 다름없었다.

이러한 노력 외에도 존슨 앤드 존슨을 위해 미국 전역에서 일하는 2,000명이 넘는 영업사원들은 의사나 약사들을 찾아가 환자들이나 소비자들에게 타이레놀이 믿을 수 있는 제품이라고 다시 추천해줄 것을 설득하는 노력을 했다. 영업사원들은 25년 전에 타이레놀이 처음 출시되었을 때 영업활동을 했던 것처럼 필사적으로 시장을 회복하기 위해 매달렸다.

위기타개 작전의 결과

독극물 투여로 인한 사망 사건 이후 진통제시장의 35.3%를 점유했던 타이레놀의 시장점유율은 7%도 채 안 되는 수준으로 곤두박질쳤다. 물론 경쟁업체들은 타이레놀의 위기를 기회로 삼아 시장점유에 나섰다. 업존 컴퍼니(Upjohn Company)와 아메리칸 홈 프러덕츠 코퍼레이션(American Home Products Corporation)은 주로 병원 처방약으로 많이 쓰이던 이부프로펜(Ibuprofen)을 일반 소비자들에게 판매하게 해달라는 허가신청서를 미국식품의약청(FDA)에 제출했다. 업존은 버퍼린, 엑시드린, 다트릴(Datril) 등의 제조업체인 브리스톨-마이어스(Bristol-Myers Co.,)에게 업존이 개발한 브랜드인 뉴프린(Nuprin)을 판매할 수 있는 판매권을 갖는 데 성공했다. 업존의 처방약 브랜드인 모트린(Motrin)은 뉴트린보다 더 강력한 성분을 지닌 진통제였는데, 1982년에는 무려 2억 달러의 매출을 기록하며 이 회사의 최고 판매 상품으로 떠올랐다. 이 외에도 존슨 앤드 존슨의 위기를 기회로 삼은 기업이 있었으니, 그 회사는 바로 프록터 앤드 갬블(P&G)이었다. 세계에서 가장 광고를 많이 하는 기업 중의 하나인 P&G는 자사의 노르위치(Norwich) 아스피린에 대해 대대적으로 광고를 하는 한편, 아스피린 성분이 들어간 캡슐에 대한 테스트 마케팅에 들어갔다.

이렇게 경쟁업체들이 치고 들어오는 위기상황 가운데에서도 존슨 앤드 존슨에게 고무적인 신호가 여기저기에서 보이기 시작했다. 〈싸이콜로지 투데이(Psychology Today)〉가 타이레놀이 하나의 브랜드로 살아남을 수 있을까 하고 독자들에게 던진 질문에 92%의 응답자들이 살아남을 수 있을 것이라고 답변을 한 것이다. 이 조사 결과는 사망 사고가 발생한 지 2주 후에 리오 샤피로라는 마케팅 전문가가 독자적으로 실시한 조사 결과와 매우 유사한 결과인데, 리오 샤피로의 조사에서는 91%의 응답자가 다시 타이레놀을 구입할 것이라는 반응을 보였었다.

〈싸이콜로지 투데이〉는 소비자들의 신뢰와 충성도를 읽을 수 있는 구체적인 발언을 다음과 같이 실었다.

23세 된 한 여성은 타이레놀은 "그 약효가 입증되고 믿을 수 있는" 약품이기 때문에 계속 타이레놀을 복용하겠다는 답변을 했다.

61세 된 한 여성은 존슨 앤드 존슨이 "정직하고 성실한" 회사라고 생각한다는 답변을 했다.

한 젊은 남성은 타이레놀이라는 이름은 부르기가 쉽다고 생각한다는 답변을 했다.[6]

그러한 소비자들의 고무적인 반응은 실제 현실로 다가왔다. 존슨 앤드 존슨 측의 양심적인 대응에 소비자들이 신뢰를 회복할 수 있었던 것이다. 그리하여 1983년 5월에 타이레놀은 전년도 9월의 사건 이후 잃어버렸던 시장을 거의 다 되찾았다. 그리고 1986년에 시장점유율은 35%까지 상승했는데, 불행히도 그해에 또 다른 비극이 이 회사를 기다리고 있었다.

타이레놀 독극물 투약 사건 이후, 일반 매장에서 약품을 판매하는 제약업체들과 FDA는 새로운 안전기준 마련에 나섰다. 제약업체들은 "가능한 한 누군가가 손을 댈 수 없는 특수 포장을 하거나 혹시 포장이 훼손되거나 이상이 있는 경우 금방 식별할 수 있는 표시 장치를 하라"는 법적 지시를 받았다.[7] 그러나 이렇게 몇 겹의 특수 포장을 했음에도 불구하고, 1986년 2월에 뉴욕의 웨스트체스터에 거주하는 한 여성이 또다시 청산가리가 투여된 초강력 타이레놀을 복용한 후 사망하는 사태가 발생했다. 3년 반 전의 악몽이 되살아난 것이다. 존슨 앤드 존슨 측은 즉시 시장에서 다시 타이레놀 캡슐을 거두어들였으며, 캡슐을 구입한 소비자들에게는 모두 환불을 해주었다.

같은 사건이 재현되자 이제 존슨 앤드 존슨은 중대한 결정을 내리지 않으면 안 되었다. 그것은 일반 소비자들을 대상으로는 캡슐 형태의 타이레놀은 생산하지 않겠다는 결정이었다. 그 이유는 물론 범죄자로부터 소비자들을 보호할 수 없다는 불안감 때문이었다. 그리하여 존슨 앤드 존슨은 일반 정제와, 삼키기 쉽도록 정제에 특수 코팅을 한 코팅 정제만을 판매하겠다는 결정을 내렸다. 이러한 결정에 들어간 비용은 1억 5,000만 달러나 되었다. 이런 결정을 내리며 이 회사의 대표이사는 "소비자들은 우리 회사를 신뢰하고 있고, 책임감이 있는 회사로 믿고 있다. 우리는 그러한 이미지를 손상시키는 일은 절대 하고 싶지 않다"라는 결연한 의지를 보였다.[8]

그 결과 1986년 6월에 타이레놀은 2월의 사건으로 잃었던 소비자들의 신뢰를 회복하여 시장점유율은 다시 32%로 상승했다.

위기타개의 비결

존슨 앤드 존슨의 타이레놀 사태 해결 사례는 위기타개의 성공적인 사례 중에서도 대표적인 모델로 손꼽히고 있다. 존슨 앤드 존슨이 겪은 위기는 다른 어느 기업의 경우보다 심각했는데, 그 이유는 이 회사에서 생산한 제품으로 인해 사람이 사망하는 피해가 발생했으며, 사망을 유발한 제품이 이 회사를 대표하는 브랜드였다는 점이었다. 그러나 존슨 앤드 존슨은 불과 몇 달 만에 잃었던 시장을 되찾았고, 일반 소비자들로부터 믿을 수 있고 책임감 있는 기업이라는 이미지를 회복했다. 그렇다면 존슨 앤드 존슨이 그 거대한 위기를 극복할 수 있었던 비결은 무엇이었을까?

전문가들은 그 비결로 크게 다섯 가지를 꼽고 있다.

1. 언론과의 대화 채널을 완전히 열어놓았다.
2. 신속하고 정확한 조처를 취했다.
3. 관련 제품을 버리지 않았고, 계속해서 제품에 신뢰를 보냈다.
4. 어떠한 희생을 감수하고서라도 소비자들의 신뢰를 되찾으려고 노력했다.
5. 브랜드를 다시 살리기 위해 공격적으로 노력했다.

존슨 앤드 존슨 측의 언론과의 협조 노력은 그 어느 회사도 따라갈 수 없을 만큼 훌륭했던 것으로 평가받고 있다. 사실 그렇게 중대한 위기가 발생하는 경우, 언론의 신뢰와 지지, 나아가 동정을 받지 않고서는 극복이 불가능하다. 대기업에 그런 사태가 발생하면, 언론은 대개 대기업의 실수를 크게 부각시키고 비난하는 논조를 택하기 마련이다. 존슨 앤드 존슨은 이런 사태를 방지하기 위해 언론에 모든 관련 자료를 제공했고, 언론이 요구하는 대로 적극적으로 협조하는 자세를 보였다. 위기가 발생하자마자 존슨 앤드 존슨은 언론과의 상호 대화 채널을 완전히 열어놓았다. 언론사로부터는 회사가 미처 파악하지 못한 정보를 제공받고, 반대로 언론사에는 경찰 조사 결과를 어느 하나 감추지 않고 신속하게 제공했으며, 시정이 필요한 경우 즉시 시정조치를 취했다. 또한 언론사와 좋은 관계를 유지하기 위해 언론사가 요구하는 경우에는 언제든 기업의 임원진이 자유롭게 만나 필요한 정보를 공개하도록 했다. 존슨 앤드 존슨의 이러한 태도가 돋보이는 이유는, 위기가 발생할 경우 대부분의 회사들은 언론에 정보를 감추느라 급급하고 그 결과 언론사로부터 비난을 받기 일쑤이기 때문이다.

기업의 제품에 문제가 있다면 물론 가장 먼저 해야 하는 일은 비용이 얼마나 들든 간에 시정조치를 취하는 일이다. 제품에 문제가 있는 경우 제일 먼저 해야 하는 일은 제품을 리콜하는 일인데, 이를 위해서는 일반적으로 적어도 수백만 달러의 경비가 소요된다. 비록 문제가 되는 제품이 전체 제품의 극히 일부라고 하더라도 소비자들은 그 브랜드의 제품 전체에 문제가 있을 것이라는 공포감에 사로잡히기 때문에, 제품 전체를 환수해야 한다.

사건이 발생한 후 많은 전문가들이 소비자들의 신뢰를 회복하는 일은 불가능할 것이므로 타이레놀이라는 이름을 버려야 한다는 견해를 보였다. 그럼에도 불구하고 존슨 앤드 존슨은 타이레놀 제품 및 브랜드를 끝내 포기하지 않았다. 사실 독극물 사건의 책임은 존슨 앤드 존슨에 있지 않았다. 이 회사는 무죄였고, 부주의하지도 않았다. 그러나 제품을 생산하는 기업은 소비자들에게 한 약속을 지켜야 하고, 어떤 문제가 발생할 경우 그 책임을 회피하기보다는 어떤 비난도 감수할 준비가 되어 있어야 한다. 존슨 앤드 존슨의 경우 모든 책임을 다 감수했지만, 타이레놀을 포기하지는 않았다. 만일 포기했다면 타이레놀은 영원히 시장에서 사라졌을 것이고, 존슨 앤드 존슨이 차지했던 그 큰 시장은 모두 경쟁업체의 차지가 되었을 것이다.

존슨 앤드 존슨은 일반 대중이 이 기업에 대해 지니고 있던 '사회적으로 책임감 있고 소비자들을 보살피는 기업'이라는 이미지를 보호하기 위해 전력을 다했다. 아래 Information Box에서는 기업의 사회적 책임에 대해, 그리고 존슨 앤드 존슨이 어떻게 그 책임을 다했는지에 대해 살펴보기로 하겠다. 여기서 지적하고 싶은 사실은 10년이 지난 뒤에 발표된 연례보고서에서도 이 회사는 여전히 사회적 책임을 강조하고 있다는 사실이다. 위기가 발생했을 때는 위기를 타개하기 위해 사회적 책임을 외치며 신속하게 조처를 취하더라도, 대개의 경우 시간이 흐르면 기업의 공약은 흐지부지되기 마련이다. 그러나 존슨 앤드 존슨은 그렇지 않았다.

위기상황이 발생했을 때 중요한 것은 그 위기를 극복하기 위한 대책을 신속하게 마련하되, 대책이 마련되었음을 소비자들에게 신속하게 알리도록 노력하는 것이다. 이를 위해서는 PR 노력을 강화해야 할 뿐 아니라, 언론사와 긴밀한 협조관계를 유지해야 한다. 특히 문제가 기업의 잘못으로 발생하지 않은 경우, 언론사와의 긴밀한 협조는 더욱 중요한 의미를 지닌다.

이미지에 큰 타격을 입은 타이레놀을 시장에 돌려보내는 데 성공한 존슨 앤드 존슨 측의 노력과 작전은 높이 평가할 만하다. 이러한 노력은 손발이 잘 맞아야 한다. 일반 대중에게 제품이 안전하다는 사실을 널리 알려야 할 뿐 아니라, 문제의 원인이 어디에 있었는지도 확실하게 밝혀야 한다. 그리고 유사한 사태가 절대로 재현되지 않을 것이라는 보장을 해주어야 한다. 그리고 소비자들이 다시 제품을 구입할 수 있도록 특별한 판촉노력이 곁들여져야 한다. 존슨 앤드 존슨은 이 모든 노력을 현명하게 조화시켰다.

존슨 앤드 존슨의 위기타개 노력은 문제를 시정하는 데에 특히 초점이 맞춰졌다. 우선 시카고에서와 같은 사태가 재발하지 않도록 특수포장을 디자인하고 제작했다. 문제가 된 초강력 타이레놀 캡슐은 삼중으로 포장되어 판매되었다. 그러나 이러한 포장마저 1986년에 다시 문제가 되자, 존슨 앤드 존슨은 캡슐을 시장에서 완전히 철수해버리고 정제 형태의 타이레놀만 생산·판매하고 있다.

안전 문제에 있어서 존슨 앤드 존슨은 적극적인 광고 및 홍보전략을 구사했다. 대대적인 광고를 통해 이 제품은 안전하며 이 회사는 사회적으로 책임을 다하는 회사라는 사실을 강조했다. 또한 캡슐로 된 타이레놀을 정제 형태로 교환하기 원하는 소비자들에게는 무조건 무료로 교환을 해주었다. 또한 신문에 수백만 장의 쿠폰을 뿌려 타이레놀 구입 시 2달러 50센트의 할인 혜택을 주는 노력을 했다. 타이레놀의 시장 재진입을 위해 소매상에게도 가격할인폭을 넓혀주었으며, 광고도 더 적극적으로 했고, 캡슐 리콜에 드는 비용은 존슨 앤드 존슨 측이 전적으로 부담했다. 일반 소비자들뿐만 아니라 소매상들을 대상으로 한 이런 노력을 보면서 대형 딜러들도 이 브랜드가 회생할 수 있을 것이라는 믿음을 갖게 되었다.

사회적 책임과 존슨 앤드 존슨의 사회적 책임에 대한 공약

기업이 사회적으로 책임감을 가져야 한다는 의미는 기업이 이윤의 극대화와 주주들의 이익보다는 사회적 책임을 더 중요하게 생각해야 한다는 뜻이다. 존슨 앤드 존슨의 사회적 책임에 대한 공약을 보면 기업의 책임의 폭이 얼마나 넓어야 하는지 잘 알 수 있다.

존슨 앤드 존슨의 공약 [9]

우리는 의사, 간호사, 환자들, 어머니들, 그리고 이들 외에도 우리의 제품과 서비스를 이용하는 모든 사람들에 대해 일차적으로 책임을 질 것이다. 이들의 요구를 충족시키기 위해 무엇보다도 높은 품질의 제품과 서비스를 제공할 것을 약속한다. 또한 합리적인 가격을 유지하기 위하여 제품 생산가 인하를 위해서도 끊임없이 노력할 것이다. 고객의 주문과 요구사항은 신속하고 정확하게 처리되어야 한다. 또한 우리 회사에 제품을 공급하는 공급업체들과 유통업체들도 공정한 방법으로 이윤을 얻을 기회를 누릴 수 있도록 노력해야 한다.

우리는 전세계에서 우리를 위해 일하는 직원들에게도 책임을 다해야 한다. 모든 직원들은 개별적인 인격체로서 존중받아야 한다. 우리는 직원들의 인격을 존중하고 그들의 장점을 개발하려고 노력할 것이다. 직원들에게 직장이 평생직장이라는 의식을 심어주어야 하며, 이들에 대한 보상은 공정하고도 적절한 수준에서 이루어져야 한다. 작업장은 항상 청결하고 질서정연해야 하며, 안전해야 한다. 직원들은 언제든 자신의 의견을 개진할 수 있어야 하고, 불만이 있으면 언제든 털어놓을 수 있어야 한다. 또한 취업, 자기계발, 승진 등은 능력에 따라 공정하게 이루어져야 한다. 능력 있는 인물들로 경영진을 구성하되, 경영진의 행동은 항상 정의에 부합해야 하며 윤리적으로 문제가 없어야 한다.

우리는 우리가 위치하고 있고 일하고 있는 지역사회와 전세계에도 책임감을 다해야 한다. 우리는 바람직한 시민으로서의 역할을 다해야 하는데, 이를 위해 선행과 자선행사에 앞서고 국가에 세금을 제대로 내야 할 것이다. 우리는 소비자들의 민권 향상과 건강 및 교육을 위해서도 노력해야 한다. 또한 우리가 보유하고 누리는 특권을 선의로만 이용해야 하고, 환경 및 자연을 보호하기 위해서도 노력해야 한다.

우리가 책임져야 하는 또 다른 사람들은 바로 우리 회사의 주주들이다. 기업체는 이윤을 내되 건전한 방법으로 이윤을 추구해야 한다. 우리는 과거에 집착하지 않고 늘 혁신을 모색할 것이다. 이를 위해 끊임없이 연구하고 혁신적인 프로그램을 도입할 것이며, 절대 실패를 두려워하지 않을 것이다. 발전을 위해서 새로운 장비를 구입할 것이고, 새로운 공장도 건설할 것이며, 신상품도 개발하여 출시할 것이다. 위기시를 대비하여 유동성도 반드시 확보해놓을 것이다. 이러한 원칙에 의거하여 기업을 운영한다면 주주들은 투자에 대해 반드시 적절한 보상을 받을 수 있을 것이다.

think about this

"위와 같은 글은 상투적인 빈말에 불과하다. 사회적 책임은 이런 입에 발린 소리보다 훨씬 많은 것을 요구한다."

이 비난에 대해서 어떻게 생각하는가?

최신 정보

존슨 앤드 존슨은 위기를 극복하고 끊임없이 발전을 거듭하여 2000년에는 290억 달러의 매출 및 48억 달러의 순익을 기록했다. 그리하여 이 회사는 헬스케어제품 생산업체로는 전세계에서 가장 큰 회사이며 가장 많은 제품을 생산하는 회사가 되었다. 존슨 앤드 존슨이 생산하는 제품으로는 처방약품에서부터 외과용 봉합실, 수술 관련 제품 등 전문 의료진을 위한 제품과 타이레놀, 일회용 밴드, 화장실 위생용품 등의 소비자 제품 등 참으로 다양하다.

그렇다면 이렇게 다양한 존슨 앤드 존슨 제품들 중에서 타이레놀이 차지하는 비중은 얼마나 될까? 1997년의 경우 존슨 앤드 존슨의 전체 매출에서 타이레놀이 차지하는 비중은 6%로 총 13억 달러였다. (1982년의 위기가 발생하기 전에 이 기업의 총 매출은 59억 달러였으며, 타이레놀은 이 중 8%를 차지하고 있었다.) 존슨 앤드 존슨 측은 타이레놀에 대한 광고를 집중적으로 내보냈는데, 1997년에 타이레놀의 미국 내 광고비는 코카콜라 광고보다 더 많은 2억 5,000만 달러나 되었다.[10]

결론

어떤 기업의 제품으로 인해 사망자나 부상자가 발생하는 것은 그 기업에게 있어 최대의 위기이다. 그러한 사태가 발생하면 소비자들은 관련 제품에 대해서 공포감을 갖게 되고, 따라서 그 제품 및 생산업체에 대한 신뢰는 바닥으로 추락한다. 그런 위기가 발생하는 최악의 경우, 예를 들어 식품생산업체의 제품에 독극물이 투입되어 불신감이 극도에 달하는 경우, 관련 기업은 위기를 극복하지 못하고 파멸하기도 한다. 브랜드를 개발하기 위해 과거에 투자한 시간과 돈을 순식간에 다 잃게 되고, 운이 아주 좋은 회사라고 할지라도 과거의 시장점유율을 회복하는 일은 거의 불가능하다.

존슨 앤드 존슨의 상황도 크게 다르지 않았다. 위기가 발생하자 존슨 앤드 존슨은 인기 절정에 있던 브랜드를 포기할 것인가, 아니면 계속 밀고 나갈 것인가를 결정해야 하는 중대한 기로에 놓이게 되었다. 어떤 결정을 내려도 회사는 힘들 수밖에 없었다. 결국 존슨 앤드 존슨은 브랜드명을 유지하는 쪽으로 결정을 내렸고, 오늘날 그것은 올바른 결정이었다는 평가를 받고 있다. 그러나 당시에 이 결정은 대단한 용기를 필요로 하는 것이었다.

위기에 처했을 때 관련 브랜드를 구하는 것은
가능하나, 그 비용은 실로 엄청나다

존슨 앤드 존슨은 타이레놀을 시장으로 복귀시켰다. 그러나 이를 위해 수억 달러의 비용을 쏟아부어야 했다. 당시 존슨 앤드 존슨은 총 매출액이 50억 달러를 약간 상회하는 대기업이었기 때문에 그런 거액을 쏟아붓고도 살아남을 수 있었다. 작은 기업 같았으면, 그리고 생산하는 제품 수가 다양하지 않은 기업이었다면, 그런 거액의 비용을 감당할 엄두조차 내지 못했을 것이다.

제품의 안전에 문제가 발생하면
그에 따르는 소송의 위험을 감수해야 한다

회사로서는 전혀 잘못이 없었고, 문제가 발생하자 신속하게 대처했으며, 어떤 미친 사람이 그런 끔찍한 범죄를 저지를 것이라고 전혀 예측할 수 없었다는 사실이 감안되었기 때문에 존슨 앤드 존슨은 대형 소송을 피할 수 있었다. 그럼에도 불구하고 존슨 앤드 존슨을 상대로 수많은 소형 소송이 발생하여, 관련 소송 총액만 해도 수억 달러가 넘었다. 그들이 존슨 앤드 존슨을 고소한 이유는 범인이 그런 시도를 할 수 있도록 허술하게 포장을 했다는 것이었는데, 결백을 입증하기 위한 회사의 비용은 예상보다 훨씬 더 많이 들어갔다. 이미 브랜드 이미지 손상과 시장점유율 하락으로 고통받고 있는 기업에게 소송이라는 넘어야 할 또 다른 산이 기다리고 있는 것이다. 상대적으로 책임이 덜해 비난을 덜 받는 기업에게조차도 수백만 달러의 법적 비용이 소요되며, 법정에서 어떠한 결정이 내려질지는 아무도 알 수가 없다.

모방범죄를 조심하라

한 기업에 위기가 발생했을 때, 경쟁업체들은 그 상황을 이용하여 시장점유율을 높일 수 있다. 그러나 경쟁업체들이라고 해서 이러한 상황을 반갑게만 받아들일 수는 없다. 유사한 모방범죄가 자사 상품을 대상으로 발생하지 않으리란 법이 없기 때문이다. 타이레놀 독극물 사건으로 인해 몇 명의 사망자가 발생한 지 몇 달이 지난 그해 11월까지 미국식품의약청에는 음식물이나 약품에 화학물질, 약, 독성물질, 바늘, 핀, 심지어는 면도날이 들어 있었다는 신고가 270건이 넘게 들어왔다. 물론 다행히도 그런 범죄로 인해 사망한 사람은 없었다. 그러나 미국 식품의약청 단속반원인 헤이즈는 다음과 같이 불안을 표명했다. "제일 걱정되는 점은, 이런 사건이 발생할 경우 회사의 이미지에 큰 타격을 주고 경제적으로도 큰 피해를 입힐 수 있다는 점에 착안하여, 특정 회사에 불만을 품은 누군가가 모방범죄를 저지를 수 있다는 점이다."[11] 안약, 코약, 마그네슘 우유, 음식물, 그리고 화장품도 이러한 독극물 투여 범죄의 타깃이 되고 있다. 오리건주에 사는 한 남성은 식료품매장의 진열장에 놓인 식품에 청산가리를 집어넣고 돈을 요구하다가 체포되어 20년형을 선고받은 바 있다.

아무리 큰 위기가 발생해도 올바른
위기타개전략을 구사하면 회생할 수 있다

존슨 앤드 존슨의 사례에서 우리가 배울 수 있는 가장 큰 교훈은 아무리 어려운 위기가 발생해도 살아남을 수 있다는 점이다. 타이레놀 사태가 발생하기 전에는 어떤 경제 전문가도 그런 심각한 위기상황에서 기업이 살아남을 수 있으리라고는 생각하지 못했다. 그렇기 때문에 타이레놀과 같은 끔찍한 사태가 발생한 경우, 제품의 이미지는 완전히 파괴될 것이고, 혹시 기적적으로 회복이 가능하다고 해도 적어도 몇 년의 시간이 소요될 것이라는 것이 일반적인 견해였다. 타이레놀의 경우 가장 낙관적인 의견을 제시한 전문가가 1년 안에 20~21% 정도로 시장점유율을 회복시킬 수 있으리라는 것이었다. 물론 대부분의 비관론자들은 타이레놀의 브랜드 이미지 회복이 불가능하므로 이 브랜드 명은 포기해야 한다고 했다.[12] 그러나 실제로 타이레놀은 8개월이라는 기간 동안 이전의 시장점유율 수준인 35%를 회복하는 데 성공했다. 이런 기적적인 회생이 가능했던 것은 존슨 앤드 존슨이 이기적인 태도를 버리고 소비자들의 안전에 초점을 맞추었으며, 신속하게 조처를 취했고, 이를 위해 엄청난 자금을 쏟아부었기 때문이었다. 물론 비극적인 사태 이전에 소비자들에게 이 브랜드가 준 신뢰도가 신뢰 회복에 큰 공헌을 한 것도 사실이다.

우발적인 사태에 대비하는 자세를 갖춰라

평소에 기업이 어떤 위기가 발생하리라는 것을 예측하기는 어렵다. 물론 일부 상황의 경우에는 예측이 가능하기도 하다. 기업은 언제나 위기에 대한 최악의 시나리오를 마련하여 이에 대한 대비책을 수립해놓아야 한다. 식품이나 약품에 독극물이 투여된다든가, 회사의 경영진이 갑작스러운 사고를 당한다든가 하는 가능성은 언제든 존재하기 때문이다. 그런 사태에 대비하여 미리 계획을 세우거나 대비책을 수립해놓은 경우에는 위험 가능성을 최소한으로 줄일 수 있다. 예를 들어 식품이나 약품 독극물 투여의 경우, 포장과 밀봉을 철저히 하고 누군가 손을 대면 금방 표시가 나도록 조처를 취해두면 위험 가능성이 한결 줄어든다. 경영진이 사고를 당할 가능성의 경우, 많은 기업들이 이를 대비해 중요한 임원진이 동시에 같은 비행기나 같은 자동차로 여행하는 것을 금지하는 정책을 채택하고 있다.

다음 질문에 답해봅시다

❶ 존슨 앤드 존슨이 초강력 타이레놀 캡슐을 모두 리콜한 것은 지나친 대응이었다고 생각하는가? 시카고 지역에서 판매되던 동제품 캡슐만 환수했다면 수백만 달러를 절약할 수 있지 않았을까? 이 질문에 대해 답변하고 논하시오.

❷ 타이레놀이 브랜드명을 그대로 유지하기로 한 결정에 마케팅 리서치 결과가 얼마나 큰 영향을 미쳤다고 생각하는가?

❸ "누군가 존슨 앤드 존슨에 깊은 앙심을 품은 사람이 그런 범죄를 저질렀음이 틀림없다." 이 주장에 대해서 논하시오.

❹ "존슨 앤드 존슨의 '회생'은 범죄의 책임이 존슨 앤드 존슨에 있지 않고 어떤 악마 같은 인간에게 있었기 때문이다. 만일 존슨 앤드 존슨에 직접적인 책임이 있었다면 상황은 완전히 달라졌을 것이다." 이 주장에 대해서 논하시오.

❺ 존슨 앤드 존슨이 안전대책을 제대로 세우지 않았으므로 그 문제에 부분적으로 책임을 져야 한다는 주장이 우세했다면, 존슨 앤드 존슨 측은 다른 위기타개전략을 수립해야 하지 않았을까? 그렇다면 어떤 전략이 필요했을까?

그때 내가 그 자리에 있었다면

❶ 다음과 같은 시나리오를 한번 생각해보자. 조사를 해본 결과, 청산가리 투입은 존슨 앤드 존슨 공장에서 이루어졌다. 이 상황에서 만일 당신이

존슨 앤드 존슨의 최고경영자라면 어떤 회생전략을 채택했겠는가? 적절한 대책을 모색하고 그 이유를 명확하게 설명하시오.

❷ 다음과 같은 시나리오를 한번 생각해보자. 청산가리를 투입한 사람은 평소 회사에 불만을 품어온 직원으로 밝혀졌다. 그 직원은 성희롱을 당해 회사에 문제를 호소했는데, 그 호소가 번번이 무시되었던 것이다. 사고 발생 후 이런 내용이 언론으로 새어나갔다. 존슨 앤드 존슨의 최고경영자로서 당신은 어떤 대책을 수립하겠는가?

그룹 토론을 해봅시다

위기가 발생한 후 회사가 이미지 훼손으로 시달리고 있다. 이때 타이레놀 브랜드를 버려야 한다는 쪽과 그래도 타이레놀 브랜드를 고수해야 한다는 쪽으로 나뉘어 토론을 해보자. 실제로 발생한 상황은 감안하지 말고 그 당시로 돌아가 토론을 해보자.

더 연구해봅시다

존슨 앤드 존슨이 소비자의 의견을 무시하거나 만족시키지 못한 사례를 혹시 발견했는가? 만일 그렇다면 존슨 앤드 존슨이 모두의 귀감이 될 만한 모델인지 아닌지에 대해서 조사를 해보고 결론을 내려보시오.

이 외에도 존슨 앤드 존슨 사태를 보고 배울 점이 더 있는가?

4

변화하지 못하여
위기를 불러온 사례

– 사무용 가구 전문업체 허먼 밀러

- 기업이 경쟁력을 갖기 위해서는 변화할 줄 알아야 한다
- 위기가 닥치면 인간적인 경영정책은 힘을 잃는다
- 주주들의 불만은 경영진의 교체를 가져올 수 있다

미국 미시건주 질랜드에 본사를 두고 있는 사무실 전용가구 전문제조 업체 허먼 밀러(Herman Miller)는 탐 피터스의 베스트셀러《최고에 대한 열망(A Passion for Excellence)》, 로버트 레버링과 밀튼 모스코위츠가 함께 쓴《미국에서 일하기 좋은 100대 기업(The 100 Best Companies to Work For in America)》등 수많은 경영 관련 서적에 단골로 거론될 만큼 유명한 기업으로 오랫동안 미국인들의 사랑을 받아왔다. 이 회사가 제작한 가구는 뉴욕현대미술관(New York's Museum of Modern Arts; MoMA)에 전시되어 있을 정도로 유명하다. 이 회사를 유명하게 만든 것은 독특한 디자인만이 아니다. 이 회사는 원만한 노사관계와 친환경적인 경영정책에 있어서도 모든 기업의 귀감이 되었다. 한마디로 허먼 밀러는 거의 70년 가까이 타기업들이 닮고 싶어하는 모범 기업의 모델이었다.

허먼 밀러는 어떤 기업?

D. J. 디프리는 1923년, 미시건주 중서부 지역에 위치한 작은 마을에 허먼 밀러라는 회사를 설립했다. 허먼 밀러라는 회사명은 창업자금을 대준 장인에게 감사하기 위하여 장인의 이름을 따서 지은 것이었다. 창립 이후 거의 70년 동안 이 기업은 디프리 가문에 의해서 경영되었다. 그 기간 동안 이 기업은 종업원들과 가족적인 관계를 유지해왔다.

노사관계

초창기부터 허먼 밀러는 종업원들을 친절하고 가족적인 분위기로 대했으며, 이익 공유나 종업원 인센티브제도 등이 일반화되기 아주 오래전부터 그런 제도를 실시해왔다. 이와 더불어 종업원들의 참여경영도 민주주의 원칙에 의해 도입되었다. (참여경영에 대해서는 Information Box 참조) 이렇게 종업원들의 의견을 적극 반영하는 정책을 고수함에 따라, 이 회사가 만든 제품들은 품질이 좋을 수밖에 없었고, 그 덕분에 이 회사의 제품은 다른 회사 제품들보다 더 비싼 가격에 팔려나갔다.

그 결과 1960년대와 1970년대에 이 회사는 사무실 전용 가구시장의 발전과 더불어 최상의 도약을 하게 된다. 그리고 창업자의 아들들인 휴와 맥스는 기업을 공개한다. 기업 공개를 하고 나서도 이 회사는 종업원들을 가족처럼 챙기고 보살피겠다는 공약을 계속해서 준수한다. 예를 들어서,

- 적대적 기업인수가 많은 기업들을 위협하기 시작한 1980년대 들어 이 회사는 직장에서 퇴출당하게 된 직원들에게는 큰 액수의 퇴직금을 지불하겠다는 약속을 했고, '은낙하산(silver parachutes)' 제도를 도입했다.
- 이 회사는 미국에서 종업원 출신 부사장제도를 두고 있는 유일한 기업이다.
- 1990년대 들어 최고경영자들의 연봉이 기업 최저 월급의 수백 배 수준까지 올라갔지만, 허먼 밀러는 최고경영자의 연봉이 공장 현장 노동자들 임금의 20배를 넘지 않도록 하는 규정을 만들었다.

● 1980년대 중반 맥스 디프리는 유망한 간부들을 발굴·육성하겠다는 의지를 표명하면서 자신이 허먼 밀러 가족 중 경영에 참여하는 마지막 사람이 될 것이라고 발표했다. 다시 말해 디프리 가문은 더 이상 회사 경영에 관여하지 않고 전문 경영인에게 회사를 맡기겠다는 뜻을 천명한 것이다.

물론 이 회사는 노조 결성을 억제하기 위한 어떤 노력도 시도한 적이 없다.

제품 개발

1968년 이후 허먼 밀러는 소위 '액션 오피스(Action Office)'라는 능동적인 사무실 이미지에 맞는 가구로 눈을 돌렸다. 그리하여 데스크 콘솔, 캐비닛, 의자, 움직일 수 있는 벽 등의 개념을 사무용 가구에 도입했으며, 언제든지 움직일 수 있으면서도 사적인 공간을 보장해줄 수 있는 가구의 개발에 힘썼다. 또한 허먼 밀러는 디자인 혁신에 남다른 애정을 쏟았는데, 이 회사는 '훌륭한 재능을 타고났을 뿐 아니라 미치도록 일에 매달리는 디자이너들'을 많이 확보하고 있었다.[1] 바로 이런 조건과 분위기가 허먼 밀러를 산업디자인 분야에 있어 최고의 자리에 올려놓을 수 있던 비결이었다.

허먼 밀러는 총 매출의 2~3%를 디자인 분야 예산으로 할애했는데, 이는 업계 평균치를 두 배나 웃도는 수치이다. 이 외에도 허먼 밀러는 자신들이 옳다고 여기는 것(최고이기보다는 정의로운 것)을 실천에

참여유도경영, 그것이 최선의 방법일까?

부하직원들에게 어떤 일을 실천에 옮기도록 만드는 방법에는 크게 두 가지가 있다. 그 첫 번째 방법은 '참여를 유도하는 방법'인데, 관리자가 아랫사람들에게 어떤 계획을 실천에 옮길 방법을 스스로 찾아보도록 유도하는 것이다. 다시 말해 부하직원들이 결정과정에 참여하도록 유도하는 것이다. 두 번째 방법은 '권위적인 명령하달식 방법'이다. 관리자는 아랫사람들에게 일방적으로 명령을 내린다. 물론 부하직원들은 감히 자신의 의견을 내거나 결정과정에 참여할 엄두를 내지 못한다. 물론 이 두 가지 상대적인 방법 외에도 더 양극적인 방법이 있는데, 그것은 '민주적인' 방법과 '독재적인' 방법이다. 아래의 도표를 보면 관리자들의 경영스타일을 알 수 있다.

독재적	권위적	참여유도적	민주적
←─			─→
최소	부하직원들의 계획 수립 및 결정과정에 대한 참여도		최대

민주적인 스타일은 참여유도적인 스타일과 크게 다르지 않지만, 한 가지 결정적인 차이점은 민주적 스타일에서는 대부분의 결정이 투표로 이루어진다는 점이다. 참여유도적인 스타일에서는 관리자가 부하직원들의 의견을 반영할 수도 있고 그렇지 않을 수도 있다.

물론 참여유도적인 경영스타일의 장점은 매우 많다. 우선 계획을 수립하는 과정에 직접 참여하기 때문에 부하직원들은 매사에 협조적이며 적극적인 태도를 보인다. 그리고 현장경험이 많은 직원들에게서 예상치 못한 기발하고 창의적인 발상이 나올 수 있다. 물론 관리직 임원들은 이런 결정과정에서 권위적인 '보스' 역할을 하기보다는 아이디어를 정리해주는 코디네이터 역할을 하게 된다. 이런 분위기에서 노사관계는 바람직한 방향으로 형성될 수밖에 없다.

물론 중요한 문제는 시간이다. 협의를 하는 데 시간이 걸린다는 것이 참여유도경영의 단점이다. 사실, 결정을 내려야 할 사안들 중 대부분은 많은 사람들의 토론이 필요 없는 단순한 사안들이다. 때로는 시간이 촉박하여 다른 의견을 들을 시간 없이 신속하게 결정을 내려야 할 때도 있다. 또한 부하직원들이 경험이 없는 신입사원들이거나 아직 제대로 훈련이 되지 않았을 경우, 결정과정에 관심이 없거나 능력이 없기 때문에 의견을 내지 못할 수도 있다. 무능하거나 미숙한 직원들의 의견에 귀를 기울이는 것은 시간 낭비일 가능성도 크다.

이런 견지에서 볼 때 가장 유능한 관리자는 언제 참여를 유도해야 할지, 다시 말해 언제 직원들을 결정과정에 참여시켜야 할지를 분별할 줄 아는 사람이다. 결정과정에 참여하는 사람들의 숫자도 잘 판단해서 결정해야 한다. 때로는 한두 명의 의견만으로 충분할 수도 있고, 때로는 전체 팀원의 의견을 다 들어보는 것이 좋을 때도 있기 때문이다.

think about this

참여를 유도하는 경영스타일은 관리자의 권위를 무너뜨릴 위험이 있기 때문에 좋지 않다는 의견이 있다. 이 의견에 대해서 어떻게 생각하는가?

옮기는 양심 있는 기업의 모델로 업계의 존경을 받고 있었다. 예를 들어서,

- 1970년대에 허먼 밀러는 에르곤(Ergon)이라는 책상용 의자를 출시하여 엄청난 성공을 거두었다. 인체공학적인 면을 강조한 이 의자는 수백만 개가 팔려나갔다. 그러고 나서 이보다 한 차원 발전한 의자인 에쿠아(Equa)를 출시했는데, 에쿠아의 가격은 에르곤의 가격대와 비슷했다. 대개 기업들은 자신들의 기존 스타상품을 잡아먹는 상품을 개발·출시하는 일은 피하는데, 허먼 밀러의 경우 소비자를 생각하는 마음으로 더 좋은 제품을 저렴한 가격에 공급하는 정책을 채택했다.

- 1990년 3월, 허먼 밀러의 상징적인 의자인 이메스(Eames) 의자의 원자재에 대한 일상적인 평가가 이루어졌다. 이메스는 가격이 2,277달러나 하는, 장미나무로 외장을 마감한 사무실용 고급 의자였다. 원자재 평가 결과, 연구 책임자는 이 의자를 만드는 데 사용되는 장미나무와 온두라스 마호가니가 멸종되어가는 열대림의 목재라는 사실을 발견했다. 이런 연구 결과에 따라 허먼 밀러는 재고가 처분되는 대로 이 멸종되어가는 목재는 더 이상 사용하지 않기로 결정을 내렸다. 당시 CEO였던 리처드 H. 러치는 그 의자의 시장을 모두 잃을 것을 각오하면서까지 그런 결정을 내린 것이다.[2]

환경친화정책

허먼 밀러처럼 친환경적인 정책을 채택하여 실천에 옮긴 기업은 흔치 않다. 위에서 언급했던 열대우림 보호정책 외에도, 이 회사가 얼마나 환경보호를 위해서 노력했는지를 알 수 있는 사례는 많이 있는데, 그 중 몇 가지를 예로 들면 다음과 같다.

● 1982년 이래로 매립장으로 운반하는 쓰레기를 90%나 줄이는 데 성공했다.

● 1,100만 달러를 들여 폐쓰레기를 이용하여 냉난방을 하는 시설을 건설하여 매년 연료비와 매립비를 75만 달러씩 절약하고 있다.

● 과거에 허먼 밀러의 직원들은 환경오염을 불러일으키는 일회용 스티로폼컵을 연간 80만 개나 사용했었다. 이런 공해물질의 사용을 억제하기 위해 허먼 밀러는 직원들에게 5,000개의 머그컵을 나누어주어 스티로폼을 회사에서 완전히 추방했다. 이 회사가 나누어준 머그컵에는 '지구라는 우주선의 수동적인 승객이 되지 말고 적극적인 승무원이 되자'라고 쓰여 있다.[3]

● 목재 가공에서 나오는 독성 솔벤트의 98%를 소각할 수 있는 두 개의 소각로를 80만 달러를 들여 도입했는데, 이 소각로의 처리율은 미국 공기정화법(Clean Air Act)이 요구하는 수준을 넘어선다. 이사회에서, 공기정화법이 정하는 수준을 넘어서며 지나치게 정화에 신경을 쓰는 것이 아니냐는 질문을 받은 최고경영자 러치는 그런 결정이 "윤리적인 면에서 볼 때 지극히 올바른" 결정이었다고 답변한 바 있다.[4]

서서히 다가오는 먹구름

1995년에 허먼 밀러는 10억 달러 규모의 대기업이었다. 그러나 1989년 연간 매출이 8억 달러 규모였던 것을 감안하면, 몇 년 동안 이 회사가 큰 발전을 이루지는 못한 것을 알 수 있다. 특히 이 회사의 수익은 1980년대에는 연간 4,000만 달러를 상회했는데, 1995년에는 430만 달러 수준으로 곤두박질치는 비극을 겪었다. 1992년의 경우 창업 후 처음으로 350만 달러의 손실을 기록하기까지 했다. 표 4-1은 1985년~1995년 사이 허먼 밀러의 매출 변화를 보여주고 있다. 그리고 표 4-2는 같은 기간 동안의 순수익 동향을 보여주고 있다. 문제는 1995년의 총매출은 1980년대보다 훨씬 증가했음에도 불구하고 순수익은 무려 90%나 하락했다는 데에 있었다. 전체 매출 대비 순수익 비율은 1985년의 8.3%에서 계속 하락세를 보여 1995년에는 0.4% 수준까지 하락했다.

표 4-1_ 허먼 밀러의 매출, 1985-1995

	매출액(백만 달러)	변화율(%)
1985	492	
1987	574	17.6
1989	793	38.2
1991	879	10.8
1993	856	-2.6
1995	1,083	26.5

* 출처: 기업 공개 정보
* 분석: 매출 변화 동향만 보면 이 회사에 위기가 닥치고 있다는 사실을 거의 알아차리기 어렵다. 그러나 다른 자료, 특히 다음의 도표를 분석해보면 허먼 밀러에 심각한 위기가 다가오고 있음을 알 수 있다.

표 4-2_ 허먼 밀러의 순수익과 매출 대비 순수익 비율, 1985-1995

	순수익(백만 달러)	매출 대비(%)
1985	40.9	8.3
1987	33.3	5.8
1989	41.4	5.2
1991	14.1	1.6
1993	22.1	2.6
1995	4.3	0.4

• 출처: 기업 공개 정보

• 분석: 이 도표의 수치 변화를 보면 위 도표 4-1에서 보지 못한 위기를 감지할 수 있다. 같은 기간 동안 매출은
명백하게 증가추세를 보였는데도 반대로 수익은 감소하는 추세를 보였음을 이 도표는 보여주고 있다.
특히 1995년의 수익은 초라하기 그지없는데(이로 인해 결국 회장이 사퇴하고 말았다), 전체 매출 대비
수익 비율은 거의 0%에 가깝다. 문제는 이런 상황이 단지 1995년 한 해에 그친 것이 아니라 1990년대
내내 계속되었다는 데에 있다.

허먼 밀러가 위기를 겪고 있다는 사실은 다른 '경쟁기업과의 전쟁'
에서 점점 밀리고 있다는 사실에서도 쉽게 감지될 수 있었다. 혼 인더
스트리스(Hon Industries)는 허먼 밀러와 기업규모도 비슷하고 같은
시장을 겨냥하는 가장 큰 적수였다. 표 4-3은 허먼 밀러의 가장 큰 경
쟁사인 혼 인더스트리스의 매출 및 순수익 동향을 보여주고 있다. 허
먼 밀러와 달리 혼의 수익은 꾸준히 상승세를 보이고 있으며, 매출 대
비 수익 비율도 1990년 들어 허먼 밀러보다 2~3배 더 높은 수치를 보
이고 있다. 그래프 4-1과 그래프 4-2를 보면 양 기업간 마케팅 전쟁 양
상이 어느 기업에게 유리하게 돌아가고 있는지 잘 알 수 있다.

기업의 최고경영자라면 누구라도 주가변동이나 주주들의 만족도에
무심할 수 없는 것이 현실이다. 1985년~1995년 사이에 혼 인더스트리
의 주가는 4배나 상승한 반면, 허먼 밀러의 주가는 거의 제자리를 지키
고 있었다. 다시 말해 1985년에 허먼 밀러의 주가는 24달러였는데,

표 4-3_ 허먼 밀러의 최대 경쟁사 혼 인더스트리스의 매출 및 수익 동향, 1985-1994

	총매출 (백만 달러)	순수익 (백만 달러)	매출 대비 순수익 (%)
1985	473.3	26.0	
1987	555.4	24.8	5.5
1989	602.0	27.5	4.5
1991	607.7	32.9	5.4
1993	780.3	44.6	5.7
1994	846.0	54.4	6.4

• 출처: 기업 공개 정보

• 분석: 이 표를 보면 혼과 허먼 밀러는 비슷한 수준의 매출을 올리고 있음을 알 수 있다. 매출 상승속도를 보면 허먼이 혼을 앞서가고 있다. 그러나 수익을 살펴보면 이야기는 완전히 달라진다. 허먼의 수익은 시간이 가면서 점점 하락세를 보이는 반면, 혼의 수익은 꾸준히 증가세를 보이고 있기 때문이다. 특히 전체 매출 대비 수익 비율은 허먼의 경우 하락세를 보이다 못해 거의 0까지 내려간 반면, 혼은 계속 증가하는 개가를 올렸다.

그래프 4-1_ 양기업의 치열한 경쟁 : 허먼 밀러 대 혼의 매출 비교, 1985-1995

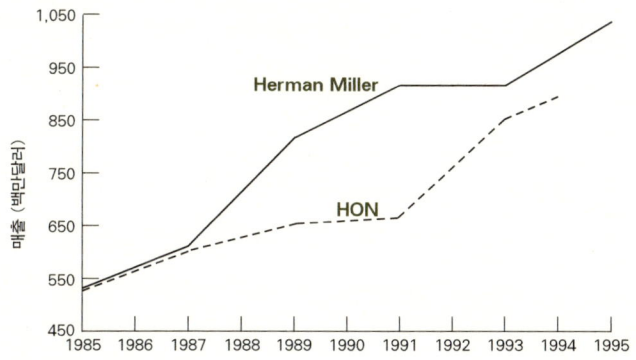

1995년에도 비슷한 수준에 머물러 있었다. 허먼 밀러의 비극은 같은 기간 미국 주식시장은 전례 없는 호황을 누리고 있었다는 사실에 있었다.

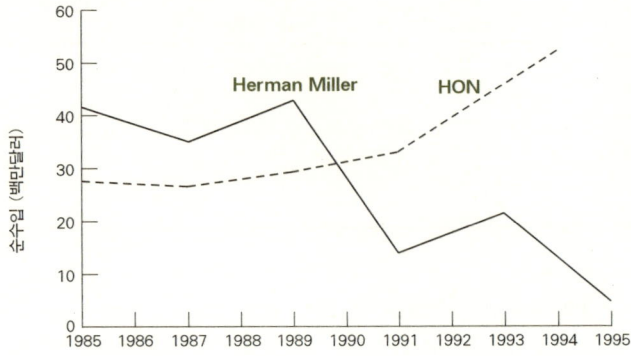

1992년, J. 커미트 캠벨이 허먼 밀러 역사상 최초로 디프리 가문이 아닌 사람으로서 CEO 자리에 올랐다. 그는 허먼 밀러의 CEO가 되기 전에 32년 동안 다우 코닝(Dow Corning; 세계 최대의 실리콘 공급업체 - 역주)에서 경력을 쌓았다. 그해에 발표된 연례보고서에서 캠벨은 디프리 가문의 최고 덕목을 계속 유지해나가겠다는 약속을 하고 있으며, "인간에게는 도약하고 싶어하는 본능이 있다는 사실을 믿는다"라고 말하고 있다.[5]

1995년에 맥스 디프리가 공식적으로 은퇴를 하자 캠벨은 허먼 밀러의 회장으로 임명되었다. 기업의 최고 자리에 앉자마자 캠벨은 경비삭감정책을 즉시 실천에 옮겼는데, 그 과정에서 회사 중역 여러 명이 해고되었다. 허먼 밀러의 가장 큰 사업부문인 공장시스템 책임자인 20년 경력의 간부도 해고되었다. 그뿐 아니라 이 회사의 CFO(Chief Financial Officer; 최고재무책임자)도 같이 해고되었다. 캠벨의 목표는 회사의 영업 및 관리비용이 차지하는 비중을 현재의 30%에서 25%로 줄이는 것이었다.

그는 6,000명의 직원 중에서 200명을 줄일 계획을 세우고 있었다. 해고 대상자 중 일부는 자진해서 퇴사하기도 했지만, 강제로 퇴출당하는 사람도 상당수 있었다. 캠벨은 텍사스주와 뉴저지주에 있는 공장들을 폐쇄했으며, 쇼룸도 많이 폐쇄했다. 이런 과정에서 허먼 밀러는 미국인들이 일하고 싶어하는 최고의 직장 중 하나라는 명성을 순식간에 잃고 말았다. 그러나 캠벨은 가족적이고 인간적인 노사관계보다는 회사의 생존이 더 시급하다고 지적하면서 개혁을 급속히 밀고 나갔다.

그러나 캠벨의 수명은 그리 길지 않았다. 1995년 7월 중순, 그가 회장이 된 지 겨우 2개월이 지났을 때 허먼 밀러는 사업결과에 대한 연례 보고서를 발표했는데, 수익이 전년도에 비해 무려 90%나 하락해 있었다. 물론 이 비극적인 발표와 더불어 캠벨의 해고 소식도 같이 전해졌다. 이사회가 지나친 경비삭감에 불만을 품고 캠벨을 해고했는지, 아니면 반대로 캠벨이 지나치게 소극적이라고 생각해서 이에 불만을 품고 해고했는지는 아무도 알 수 없었다.

캠벨을 퇴출시킨 이사회는 마이클 볼케마를 새로운 CEO에 임명했다. 볼케마는 허먼 밀러가 캐비닛 메이커인 메리디언(Meridian)을 인수했던 1990년에 허먼 밀러에 함께 들어온 사람이었다. 그는 추진력 있고 카리스마 있는 인물이라는 평가를 받고 있었는데, 1990년에 메리디언의 경영자로 영입되었을 때 그의 나이는 겨우 39세였다. 볼케마는 그리 큰 규모는 아니지만 실속 있던(매출 1억 달러 규모) 메리디언의 개혁을 위해 과감한 경비삭감정책을 펴서 허먼 밀러 이사회의 눈길을 끌었고, 결국 허먼 밀러의 CEO 자리에까지 오를 수 있었다.

시장 변화 부적응으로 야기된 문제들

1990년대에 시장은 허먼 밀러가 호황을 누리던 1960년대 및 1970년대의 상황에 비해 엄청나게 달라져 있었다. 이윤이 많이 남아도 기업들은 가구 구입에 많은 돈을 투자하지 않았다. 그 결과 사무실 전용 가구 시장은 연간 5% 정도밖에 성장하지 못하고 있었다. 이런 저성장의 가장 큰 원인은 바로 컴퓨터의 보급이었다. 컴퓨터 사용의 일반화로 경영과정도 단순해졌고, 기업들은 과거만큼 큰 사무 공간이 필요하지 않게 되었던 것이다.

1990년대 들어 전체적인 수요도 둔화되었을 뿐 아니라, 허먼 밀러의 전형적인 시장으로 여겨졌던 고가 사무용 가구시장 규모가 점차 축소되는 경향이 나타났다. 상당수 기업들은 가격이 조금이라도 더 저렴한 가구를 구입함으로써 운영경비를 축소하려고 노력했기 때문이다.

1994년에 허먼 밀러는 특별한 재료를 이용하여 인체를 시원하게 해준다는 인체공학적 의자인 에어론(Aeron)을 출시했다. 그 의자의 디자인은 독특하면서 예술적이었는데, 문제는 가격이 일반 사무실용 의자보다 몇 백 달러는 더 비싼 1,150달러라는 데에 있었다. 허먼 밀러 측의 기대와 달리 에어론의 판매실적은 저조하기 짝이 없었다.

일반 기업 사무실용 가구시장의 발전이 더뎌지자, 허먼 밀러는 홈오피스 가구시장으로 눈을 돌렸다. "우리는 4,000만~5,000만 명에 달하는 재택근무자들을 공략할 수 있을 것이다"라고 캠벨 회장은 기대에 부풀어 있었다. 그는 허먼 밀러 가구의 고급스러운 이미지가 홈오피스 공략에 큰 도움이 될 것이라고 믿었다.[6] 그리하여 허먼 밀러는 홈오피스 가구 생산라인을 신설하여 새로운 가구를 생산하기 시작했는데, 그렇게 생산된 책상의 가격은 1,799달러나 되었다. 이 높은 가격을 보고 판매가 저조할 것이라고 예측하는 전문가들이 많았다. 오피스맥스나 오피스 데포 등의 매장에 가면 괜찮은 책상을 725달러 정도에 구입할 수 있었기 때문이다.

허먼 밀러는 과거에 고품격 예술디자인 가구를 판매하면서 많은 광고를 하지 않았었다. 광고를 하지 않아도 고객들이 자발적으로 찾아왔기 때문이다. 그러나 불행하게도 지난 수십 년 동안 아무 문제없이 먹히던 그 전략은 광고의 시대인 1990년대 들어서는 전혀 먹히지 않게 되었다.

▌분석

허먼 밀러가 당면하고 있는 위기를 보면서 우리는 다음과 같은 질문들을 던져볼 수 있다.

최근 몇 년 동안 위기를 겪고 있는 허먼 밀러의 경영 및 판매 위기는 직원들을 가족처럼 생각하고 환경을 보호하는 노력을 기울인 인간적이고 환경친화적인 정책과 관련이 있는 것일까? 오랫동안 가장 바람직한 노사관계의 모델이었던 허먼 밀러가 딜레마에 봉착한 것일까? 조금이라도 더 경비를 줄이기 위해, 조금이라도 더 기업규모를 축소하기 위해 노력하는 비인간적인 태도가 난무하는 이 시대에 직원들과 환경을 보호하기 위해 인간적이고 애타적인 노력을 하는 기업이 경쟁력을 유지할 수 있을까? 오늘날의 현실을 감안해보면 비현실적이기 짝이 없는 허먼 밀러의 인간적인 정책이 위기를 불러온 것은 아닐까? 혹은, 현재의 위기는 가족적인 노사관계나 친환경정책과 아무 상관이 없는 것일까? 그렇다면 문제는 어디에 있는 것일까?

위의 질문들이 약간 모호하다면 더 구체적인 질문을 던져보자.

이런 가족적인 노사관계 때문에 허먼 밀러는 다른 기업들에서는 지불하지 않아도 될 추가경비를 지불하지 않았을까? 그렇다면, 가족적인 노사관계란 무엇을 의미하는가? 직원들에게 많은 결정에 참여할 수 있는 권리를 부여하는 것? 직원들에게 이윤을 공유하는 인센티브를 부여하는 것? 직원들에게 자신의 능력을 개발하고 발전시킬 기회를 주는 것? 직원들에게 회사가 자신을 필요로 한다는 사실을 인식시키고 팀의 일원이라는 소속감을 부여하는 것? 많은 기업들이 다운사이징을 단행하며 자발적인 명예퇴직이든 강제퇴출이든 직원들을 퇴출시킬 때, 자신이 근무하는 기업은 절대 그러지 않을 것이라는 안전의식을 부여하는 것? 자신들이 생산하는 제품에 자부심을 갖도록 하는 것? 이런 모든 것들이 다운사이징으로 날씬해진 경쟁업체들과의 경쟁에서 비용부담을 안겨주는 악재로 작용하는 것일까?

위에서 던진 여러 가지 질문과 지적 중에서 사실 회사 경비의 삭감과 직접적인 관련을 가진 항목은 평생직장에 대한 보장 항목밖에는 없다. 오늘날에는 컴퓨터의 보급으로 과거처럼 많은 중간 간부들이 필요하지 않게 되었다. 이처럼 기술이 발전하여 인력 감축이 불가피한 경우, 평생직장은 보장할 수 없는 것이다.

물론 기술발전 및 경제환경의 변화로 인해 중간층 간부들만 위기에 처한 것은 아니다. 노동자들도 위기에 처하게 되었다. 과거에 각광받고 높이 평가받던 그들의 기술이나 경험은 오늘날 더 이상 필요하지 않게 되었다. 이들은 기존의 기술을 버리고 새로운 기술을 익히거나, 아니면 조기퇴직을 하는 것밖에는 선택의 여지가 없다. 다른 기업과의 경쟁에서 살아남으려면 어떤 기업이든 간에 '날씬하고' '효율적'이어야 하기 때문이다. 물론 인간적인 면에서 볼 때, 다운사이징이 불가피한 경우 기업은 조기퇴직자들에게 많은 퇴직금을 제공하거나, 다른 일자리를 찾도록 도와주거나, 혹은 새로운 기술을 익힐 수 있는 기회를 부여해야 한다. 물론 새로운 변화에 적응하지 못하는 이들을 위한 카운슬링 서비스도 제공해야 한다. 이들이 진정 필요로 하는 것은 시간이다. 냉혹한 현실에 적응할 시간과 새로운 일자리를 찾을 시간이 필요한 것이다. 물론 이런 인간적인 배려에는 경비가 소요된다.

기업이 경쟁력을 갖추기 위해서는 무조건 이런 배려를 무시하는 비인간적인 기업이 되어야 하는 것일까? 효율적인 경영을 추구하면서도 이제까지 충성을 다한 직원들에게 그런 배려를 하는 기업은 경쟁력이 없는 기업일까?

이제 환경문제에 대한 허먼 밀러의 정책에 대해서 생각해보자. 허먼 밀러는 열대우림에서 나오는 목재를 이용하여 의자를 만들지 않겠다는 결정을 내린 후 많은 손해를 보지 않았을까? 물론 그랬을 것이다. 그러나 문제가 된 나무를 대체한 재료로 만들어진 의자들을 고객은 아무 불만 없이 받아들였다. 1990년에 공기정화법이 요구하는 수준의 소각로를 갖춘 것과 1,100만 달러를 들여 건설한 폐에너지를 이용한 냉난방 시설도 예상만큼은 아니지만 경비 절약에 도움이 된 것이 사실이다. 스티로폼컵을 머그컵으로 대체한 정책은 140만 달러의 경비 절약 효과를 가져왔다.[7] 이런 점에서 볼 때 친환경정책의 실현으로 인해 많은 추가경비가 소요되었다는 일부의 주장은 전혀 일리가 없는 것이다.

이런 분석 결과, 인간적이고 애타적인 정책으로 인해서 허먼 밀러의 경영상태가 악화되었다는 주장은 잘못된 것임을 알 수 있다. 그렇다면 문제는 어디에 있었던 것일까? 오래된 전략을 변화하는 현실에 알맞게 수정하지 못한 데에 문제가 있었다고 봐야 한다. 멋지게 디자인된 고품질의 고가제품을 판매하되, 광고보다는 입소문에 의존하는 생산 및 판매 전략에 문제가 있었던 것이다.

물론 이런 전략은 1980년대까지만 해도 문제없이 잘 먹혔다. 다만 1990년대 들어서 적극적으로 허먼 밀러의 시장을 파고든 경쟁업체들, 즉 오피스 데포 같은 카테고리 킬러 체인들과의 경쟁에서 과거의 고가·고품질정책은 무용지물이 되었던 것이다. 새롭게 등장한 경쟁업체들은 괜찮은 품질의 제품을 허먼 밀러 제품가의 절반도 채 안 되는 가격에 공급했다. 이런 점에서 볼 때 허먼 밀러가 중간 가격대 시장을 무시하고 고가에 매달렸다는 사실은 참으로 안타깝다. 허먼 밀러는 고품질제품이라는 과거의 명예에 지나치게 집착하지 말았어야 했다. 물론 그렇다고 고품질제품에서 완전히 발을 뺐어야 한다는 뜻은 아니다. 다만 고품질시장을 지키면서 중저가시장으로도 눈을 돌렸어야 한다는 뜻이다.

최신 정보

허먼 밀러의 최고경영자 마이클 볼케마는 1990년대 중반 사무용 가구 산업 전반이 슬럼프를 겪고 있을 때 허먼 밀러의 조직을 대폭 개편하고 다운사이징을 단행했다. 그 결과 허먼 밀러는 위기에서 벗어날 수 있었다. 볼케마 체제로 접어든 지 5년 되는 2000년 말 현재, 허먼 밀러의 총매출은 볼케마 체제 이전보다 두 배나 증가하여 19억 3,800만 달러에 이르게 되었고, 경영수익도 120만 달러에서 1억 4,000만 달러로 증가했으며, 전체 매출 대비 순익 비율도 7.2%로 상승하였다. 주요 경쟁사인 혼 인더스트리와 비교해볼 때 두 회사의 매출은 비슷한 수준이지만 허먼 밀러의 순익이 혼의 1억 600만 달러보다 높고, 전체 매출 대비 순익 비율도 혼의 5.2%보다 훨씬 높아졌다.

그 결과 2000년 1월 〈포브스(Forbes)〉지는 허먼 밀러를 "장·단기 성장 및 수익성에 있어서 최고로 기대되는" 특별 기업체 명단인 '플래티넘 리스트(Platinum List)'에 포함시켰다.[8]

볼케마는 규모가 작은 기존의 고가 사무용 가구시장에만 안주하지 않고 중간가격대의 가구와 가정용 가구로 그 생산폭을 넓혀갔다. 이런 새로운 시장을 공략하기 위해 그는 컴퓨터 시스템과 신속한 배달에 필요한 기술 확보에만 2억 달러를 투자했고, 신제품 연구개발비에도 1억 달러를 투자했다. 그리고 고객을 유치하기 위해 웹사이트를 개설했으며, 사이버 고객들을 위한 특별 가구도 개발했다.

허먼 밀러의 직원들은 여전히 가족적이고 즐거운 분위기에서 일하고 있다. 미시건주 홀랜드에 새로 설립된 공장에 가보면, 밝고 쾌적한 환경에서 첨단 스피커를 이용해 직원들이 올맨 브라더스나 스팅의 노래를 들으며 가구를 조립하는 모습을 볼 수 있다. "이 공장 정문에 붙은 게시판을 보면, 아무리 작은 주문이라도 단 한 번도 인도 기일 약속을 어긴 적이 없다는 자부심어린 문구가 적혀 있다."[9]

결론

기업이 경쟁력을 갖기 위해서는 변화할 줄 알아야 한다

수십 년 동안 기존 정책이나 전략의 변화 없이 성공가도를 달리는 기업은 그리 흔치 않다. 대부분 기업들의 경우, 끊임없이 변화하는 환경에 적응하기 위해 정책이나 전략을 수정해나간다.

사실 주변환경의 변화에 적응하는 일은 생각만큼 어렵지는 않다. 그리고 엄청난 연구조사가 필요한 것도 아니다. 대부분의 변화는 어느 날 갑자기 아무 예고도 없이 나타나지는 않는다. 사실 경제신문만 꾸준히 읽어도 기술혁신이나 경제환경 변화의 흐름을 쉽게 예측할 수 있다. 오피스맥스나 스테이플스, 오피스 데포 등 대형 사무기기 및 가구 체인점들의 출현도 일찍이 예상되고 거론된 바 있으며, 이들 체인점들의 급성장도 예견된 바 있다. 그러나 1990년대 후반에 대대적인 혁신 조치를 취하기 전에 허먼 밀러는 사무용 가구시장에 불어닥칠 변화에 대응하기 위한 어떤 준비도 하지 않고 있었다. 물론 얼마나 큰 변화가 닥칠지는 예측조차 못하고 있었다. 그리하여 과거 허먼 밀러의 주요 수입원이었던 고가 고품질 사무용 가구시장이 전혀 위축되지 않고 계속 건재할 것이라고 믿었던 것이다.

위기가 닥치면 인간적인 경영정책은 힘을 잃는다

직원들에게 친절한 태도를 보이고 환경보호에 앞장서는 정책을 고수하던 기업들도 위기에 처하게 되면 이런 정책을 슬그머니 내려놓는 경향이 있다. 특히 다운사이징이 추진되는 경우, 아주 오랫동안 회사의 발전을 위해 공헌해왔던 장기근속 직원들에게조차 회사는 가차 없는 칼날을 휘두른다. 이런 경우 때로는 그럴듯한 '자발적 명예퇴직'을 할 수 있는 길도 열리고, 퇴출 수당이 넉넉하게 주어지기도 한다.

그러나 기업의 생존이 위협받는 상황이 되면, 경영진은 거센 비난을 받더라도 어쩔 수 없이 잔인한 방법으로 직원들을 퇴출시키게 된다. 잔인한 터미네이터로 유명했던 스코트 페이퍼(Scott Paper)와 선빔 (Sunbeam)의 앨버트 던랩이 한 말을 보면, 정리해고를 하는 기업체의 장들이 어떤 정신상태를 가지고 있는지 잘 알 수 있다. 던랩은 "나는 떠나야 하는 35%를 살리기 위해서 전체 직원 100%를 희생시키는 바보 같은 일은 절대 할 수 없다"[10]고 말한 바 있다.

물론 객관적으로 볼 때, 전체 직원의 3분의 1 정도를 정리해고해야 할 만큼 비대해진 기업은 그리 많지 않다.

주주들의 불만은 경영진의 교체를 가져올 수 있다

주주들은 기업의 재산이자 자신들의 재산인 주식의 가격이 상승하기는커녕 폭락할 때, 아니면 주가 상승 전망이 불투명할 때, 경영진에 불만을 품고 적절한 조처를 취하게 된다. 게다가 허먼 밀러의 경우, 자사의 실적은 부진한데 경쟁사인 혼 인더스트리스는 선전하고 있는 것을 보고 주주들은 불만을 품을 수밖에 없었다. 동종업계의 모든 업체가 고전하고 있다면 산업 전체의 문제로 치부해버릴 수 있지만, 다른 업체들은 선전하고 있는데 한 업체만 고전하고 있는 경우, 그 원인은 현재의 임원들뿐만 아니라 과거 임원들의 경영능력에 문제가 있는 것으로 생각되기 때문이다.

이런 점에서 회사의 경영진이 자리를 보전하려면 주주들을 일단 만족시켜야 한다. 물론 말로는 쉽다. 그러나 현실적으로는 위기가 닥치고 나서 치료책을 마련하기에는 이미 병이 깊어진 경우가 많다. 이런 경우 치료가 불가능하여 회사 전체를 살릴 수 없다고 판단되면, 회사를 쪼개어 팔아넘기려는 시도가 이루어지기 쉽다. 아니면 위기를 극복해나갈 능력이 있다고 판단되는 외부 경영자를 영입하게 되는데, 그런 경우 경비삭감을 이유로, 그리고 대개는 기업혁신을 모색한다는 명목으로 기존 기업구조를 와해시켜버리는 문제점이 발생한다.

반대로 자아도취에 빠져 현실에 만족하는 경영진이 오랫동안 한 기업을 지배하는 경우, 주주들은 변화 없는 정책에 절망하게 되고, 변화의 희망이 없다고 느낀 주주들은 주식을 팔아버리고 그 기업을 떠나게 되는 불행한 사태가 발생한다.

다음 질문에 답해봅시다

❶ "직원 위주의 인간적인 경영을 하는 기업은 장래에 기업경쟁력이 약화
되는 문제에 직면할 수 있다. 인건비 상승을 억제할 수 없기 때문이다."
이 문장에 대해서 평가해보시오.

❷ 허먼 밀러가 과거에 품질 및 가격 인하정책을 시도했다면 아무런 문제
가 없었을 거라고 생각하는가? 허먼 밀러는 그런 전략을 채택했어야 한
다고 생각하는가?

❸ 회사 내의 유능한 인재들에게 기회를 주기 위해서, 자신이 물러난 후 창
업자인 디프리 가문 출신은 더 이상 경영에 관여하지 않도록 하겠다고
발표한 맥스 디프리의 '열린 경영' 정책에 대해 어떻게 생각하는가? 이
런 정책 변화가 기업의 장래에 어떤 변화를 가져오리라고 생각하는가?

❹ "떠나야 하는 35%를 살리기 위해서 전체 직원 100%를 희생시키는 바보
같은 일은 절대 할 수 없다"는 앨버트 던랩의 발언에 대해서 평가해보
시오.

❺ 보호해야 할 열대우림에서 나오는 것이기 때문에, 현재 인기를 끌고 있
는 목재의 사용을 금지하겠다는 결정에 대해서 어떻게 생각하는가?

❻ 기업을 성공적으로 변화시키기 위해 경영자는 어떤 자질을 보유하고
있어야 한다고 생각하는가? 원한다면 앨버트 던랩과, 허먼 밀러에서 겨
우 2달 동안 회장으로 일하다 물러난 캠벨을 비교하여 답변해도 좋다.

그때 내가 그 자리에 있었다면

❶ 1987 회계연도의 경영실적이 발표되었다. 이 발표에 따르면 회사의 순
익이 전년도에 비해 11.9%나 하락했으며, 1985년에 비해서는 무려 19%
나 하락했다고 한다. 매출 대비 순익 비율도 1985년의 8.3%에서 5.8%
로 떨어졌다. 이런 발표가 난 시점에서 위기를 극복하기 위해 어떤 처방
을 제안하겠는가?

❷ 때는 바야흐로 1995년 7월이다. 캠벨 회장이 이사회의 압력에 의해 사
퇴하고 말았다. 그리고 캠벨의 후임으로 자신이 임명되었다. 이 시점에
서 어떤 정책 및 전략을 구사하겠는가? (제안을 하되, 논리적이고 구체
적으로 설명을 하시오.) 실제 내려진 처방에 집착하지 말고, 더 성공했
을지도 모를 전략을 찾아보시오.

그룹 토론을 해봅시다

직원들을 경영에 참여시키는 인간적인 정책을 고수하는 기업은 비인간적
이고 잔인한 전략을 구사하는 기업과의 치열한 경쟁에서 살아남을 수 있을
까? 이 안건을 두고 찬반으로 나누어 토론해봅시다.

더 연구해봅시다

오늘날 허먼 밀러의 상황은 어떠한가?
아직도 마이클 볼케마가 CEO로 재직하고 있는가?
허먼 밀러는 완전히 위기에서 벗어났는가?
허먼 밀러의 노사관계 및 환경정책에 대해 새로운 정보를 발견했는가?

5

평등한 합병이란 것이 과연 가능할까?

- 메르세데스-벤츠와 크라이슬러의 합병,
  다임러크라이슬러

- 합병이 만병통치약은 아니다
- 합병을 할 때는 문화적 차이를 반드시 고려해야 한다
- 평등한 합병에 대한 약속은 신뢰하기 어렵다
- 두 회사가 함께 승리할 수 있는 다른 방법은 얼마든지 있다
- 카니발라이제이션이 두렵다고 기술혁신을 억제해서는 안 된다

처음 얘기가 거론될 때 그 합병은 하늘이 맺어준 최상의 결합으로 여겨졌다. 크라이슬러(Chrysler)는 미국 자동차 메이커 중에서 규모는 제일 작았지만, 1994년 이후 가장 높은 수익성을 기록하며 가장 효율적으로 운영되는 기업이었다. 그런데 생산성이 높고 창의성이 뛰어나기로 소문난 크라이슬러와 고급 자동차의 상징인 독일의 메르세데스-벤츠(Mercedes-Benz)와의 합병이 추진된 것이다. 사실 크라이슬러는 한창 위기를 겪고 있을 때 자금이 필요하여 국제 사업 부문을 매각했다. 그렇기 때문에 부유한 독일 자동차 메이커와의 합병은 국제적인 위상을 높일 수 있는 좋은 계기가 될 것이라고 크라이슬러 측은 믿었다. 이 합병을 추진한 다임러(Daimler) 측의 유르겐 슈렘프는 국제적인 규모의 새로운 자동차 메이커를 탄생시키겠다는 발표를 하여 많은 사람들의 극찬을 받았다.

물론 이 결합은 단순한 자동차 메이커들의 결합이 아닌 독일과 미국 문화의 결합이기도 했다. 경영은 공동으로 하기로 합의가 이루어졌다. 크라이슬러 측의 최고경영자 로버트 이튼이 슈렘프와 함께 공동 회장직을 맡기로 한 것이다.

그리하여 1998년 11월에 드디어 '평등한 관계'의 합병이 이루어졌다. 그리고 많은 사람들이 이 합병에 열광했다.

합병 전의 크라이슬러

수십 년 역사 동안 크라이슬러는 많은 부침을 겪었다.

어떤 사람들은 리 아이아코카가 크라이슬러에 기적을 가져다주었다고 말한다. 그는 1978년 11월에 거의 망해가던 이 회사의 사장으로 취임했다. 사장이 되자마자 그가 제일 먼저 한 일은 워싱턴 D. C.로 달려가 회사를 도와달라고 요청한 것이었다. 열심히 매달린 결과 그는 기업 회생에 필요한 15억 달러에 달하는 연방은행 대출 보증을 정부로부터 얻어냈다. 그리고 1983년에는 크라이슬러를 다시 수익을 내는 기업으로 변신시키는 데 성공했으며, 그 후 4년 동안 크라이슬러는 놀라운 실적을 보여주었다. 그 결과 아이아코카는 7년 전에 빌린 대출금을 전액 상환할 수 있었다. 다 죽어가던 미국의 넘버 쓰리 자동차 메이커가 불사조처럼 다시 살아났고, 존경받는 기업이 되기까지 했다. 어떤 사람들은 아이아코카가 크라이슬러에만 있기에는 너무 아까운 인물이며, 미국 국민들을 위해서 미국 대통령으로 추대해야 한다고까지 이야기했다.

그러나 1980년대 후반에 아이아코카가 관심을 다른 곳으로 돌리자, 1988년에 이 회사는 다시 위기에 처하게 되었다. 여러 가지 문제들 중에서 가장 큰 문제는 역시 유동성 부족이었다. 그리하여 새로운 자동차나 트럭 디자인의 개발에 투자할 돈이 충분치 않았다. 이렇게 크라이슬러가 유동성 부족이라는 위기에 처하게 된 이유는 1987년에 아메리칸 모터스(American Motors Corporation, AMC)를 인수했기 때문이었다. 크라이슬러 자동차의 주요 고객들은 나이가 든 저소득 계층이었다. 그런 점에서 AMC는 크라이슬러가 탐낼 만했다. 이 메이커에는 젊은층을 겨냥한 스포츠 유틸리티 지프 자동차가 있었기 때문이다. 그러나 AMC를 인수한 후 크라이슬러는 AMC의 경영상태가 엉망이라는 사실을 뒤늦게 알게 되었다.

나이가 들기는 했지만 아이아코카는 끔찍하게 많았던 대출금을 상환한 지 7년이 지난 후 다시 한 번 크라이슬러의 자동차 사업에 전력한다. 그는 회사의 모든 자원을 네 가지의 가능성 있는 자동차 분야, 즉 미니밴, 지프 그랜드 체로키, LH 세단, 풀사이즈 픽업 분야에 쏟아붓는다. 그러나 아이아코카는 회사가 주력하는 이 네 분야의 새로운 자동차 모델들이 출시되기 전에 경기침체가 오면 어쩌나 걱정이었다. 그리하여 아이아코카는 회사의 연간 운영비 260억 달러 중 30억 달러를 삭감하는 대폭적인 긴축정책을 도입했다.

1992년이 되자 회사의 상황은 좋아졌고, 아이아코카는 1992년 12월 31일, 모든 일을 마무리 짓고 은퇴했다. TV에 출연해서 아이아코카는 다음과 같이 말했다. "그것이 주어진 마지막 기회라고 생각한다면 단 한 방에 홈런을 날려야 한다."[1] 아이아코카가 은퇴하자 GM(General Motors; 제너럴 모터스) 유럽 사업부를 책임지던 로버트 이튼이 크라이슬러의 회장으로 들어왔다.

21세기가 가까워오면서 크라이슬러는 특정 분야의 고객을 끌어 모으는 독특한 디자인을 지닌 제품으로 성장을 하고, 그 결과 매출이 급증한다. 표 5-1을 보면, 크라이슬러와 이 회사의 두 미국 라이벌인 GM

과 포드(Ford)자동차와의 매출 및 순익 비교가 나와 있는데, 두 라이벌에 비해서 크라이슬러가 얼마나 좋은 실적을 올렸는지 잘 알 수 있다.

표 5-1_ 미국 3대 자동차 메이커의 매출 및 순익 비교, 1993-1998 (단위 백만 달러)

		1993	1994	1995	1996	1997	1998
포드	매출	108,521	128,439	137,137	146,991	153,637	144,416
	순익	2,529	5,308	4,139	4,371	6,920	6,579
		2.3%	4.1%	3.0%	3.0%	4.5%	4.5%
GM	매출	138,220	154,951	168,829	164,069	173,168	161,315
	순익	2,466	5,659	6,933	4,668	5,972	3,662
		1.8%	3.7%	4.1%	2.8%	3.4%	2.3%
크라이슬러	매출	43,600	52,235	53,195	61,397	61,147	NA
	순익	-2,551	3,713	2,025	3,529	2,805	NA
		-5.9%	7.1%	3.8%	5.7%	4.6%	

* 출처: 기업 공개 정보. NA = 다임러와의 합병으로 적용 불가
* 분석: 1993년에 형편없는 한 해―25억 달러의 손실을 냄―를 보낸 후 크라이슬러는 다시 도약을 시작한다. 그리하여 1994년에는 37억 달러의 순익을 기록했는데, 이는 전체 매출의 7%나 된다. 이 비율은 다른 두 경쟁업체에 비하면 아주 높은 수준이다. 크라이슬러는 이렇게 1994년에 수십억의 순익을 낸 후 1995년에는 순익이 전체 매출의 3.8%에 달하는데, 이 비율은 GM보다는 약간 낮지만 포드보다는 높은 비율이다. 1996년과 1997년의 경우를 살펴보면, 크라이슬러의 매출 대비 순익 비율이 자동차 3사 중 가장 높음을 알 수 있다. 1998년의 경우 역시 좋은 실적을 올렸을 것으로 짐작이 되나, 1998년의 정보는 발표된 것이 없다. 비극은 바로 그 다음해인 1999년에 시작된다.
* 참고: 이 통계에서 보여준 총매출은 일반 승용차와 트럭 분야를 모두 합한 것이다. 자동차 외의 분야까지 합하면 매출은 이보다 더 높을 것이다.

합병 후

합병을 한 후 그렇게 빨리 상황이 나빠진 회사를 찾기도 힘들 것이다. 정신적인 갈등 때문에, 아니면 디트로이트 크라이슬러 본사와 슈투트가르트 다임러 본사 간의 관계 조율에 지나치게 신경을 쓰다 보니 문제가 생긴 것인지도 모른다. 아니면 크라이슬러에 오래 전부터 존재해 왔던 문제가 합병 후 수면 위로 떠올라 크게 부각되었는지도 모른다. 그것도 아니면 이 회사에 부임한 독일인 경영인의 적절하지 못한 경영 정책이 문제를 불러일으켰을까?

1998년 11월 16일에 다임러-벤츠는 추가로 360억 달러어치의 주식을 발행하여 크라이슬러를 구입한다. 그리하여 다임러크라이슬러의 시가총액은 다임러-벤츠의 기존 가치인 480억 달러에 360억 달러를 더해 총 840억 달러가 된다. 그러나 2000년 12월 초 다임러크라이슬러의 주가 하락으로 이 회사의 시가총액은 390억 달러 수준으로 폭락하는데, 이는 합병 전 다임러-벤츠의 단독 시가총액보다 적은 액수이다.

크라이슬러는 계속해서 손실을 냈다. 2000년 하반기에 크라이슬러는 18억 달러의 손실을 기록했고, 보유했던 유동성 50억 달러를 다 소진해버렸다. 그런데 그 당시 GM과 포드는 아무 탈 없이 경영을 잘하고 있었다.

그리하여 로버트 이튼은 크라이슬러의 전설적인 디자이너 토머스 게일 등 9명의 임원들과 함께 해고를 당했다. 그리고 이튼의 후계자로 임명되었던 제임스 홀든 역시 2000년 11월에 해고되었는데, 그는 비독일계 중에서는 가장 높은 직급으로 남아 있던 사람이었다. 홀든의 자리는 다임러의 임원인 47세의 디이터 제체가 차지했는데, 그는 키가 크고 팔(八)자형 수염을 기른 독일인이었다. 제체는 콜럼비아 대학에서 MBA를 한 경비삭감의 일인자인 볼프강 베른하르트를 COO(Chief Operating Officer; 최고운영책임자. 기업 내부의 사업을 책임진다 - 역주)로 데려왔다. 크라이슬러의 입장에서 보면 수십 명의 독일인들을 데려오지 않고 한 명만 데려온 것이 그나마 다행이었다. 그래도 유서 깊은 미국 기업에 독일인 중역들이 하나 둘 늘어나는 것을 보고 미국인 직원들은 울분을 토하고 있었다. 제2차 세계대전에서 미국에게 패한 독일인들이 미국 회사를 점령하는 것을 미국인들은 참을 수가 없었던 것이다.

이튼을 비롯한 크라이슬러의 중역들은 합병을 하고 나서야 1998년의 합병 계약에서 슈렘프 회장이 약속했던 평등한 합병이 말뿐이라는 사실을 깨달았다. 그 결과 크라이슬러의 중역진뿐 아니라 증권거래위원회(SEC, Securities Exchange Commission)도 큰 실망을 표명했다. 크라이슬러의 이름이 공식적인 회사명으로 들어가 있기는 하지만, 사실 크라이슬러는 다임러의 한 사업 분야처럼 작아져버렸다. 후에 언론과의 인터뷰에서 슈렘프 회장은 처음부터 크라이슬러를 완전히 굴복시킬 작정으로 합병을 추진한 것이었다고 인정한 바 있다.[2]

잠시 후에는 단기 및 중기적인 차원에서 볼 때 이 합병이 왜 대실패로 인식되고 있는지를 살펴보기로 하겠다. 물론 장기적인 면에서도 비극일지 아닐지는 더 두고 봐야 할 것이다.

유르겐 슈렘프

다임러크라이슬러의 회장인 56세의 유르겐 슈렘프는 크라이슬러와의 합병을 추진하여 유명해진 인물이다. 그는 그보다 40년 전에 메르세데스 자동차의 기계 견습공으로 자동차 세계에 발을 디뎠다. 그리고 끊임없는 승진을 거듭한 끝에 회장 자리에 올라 크라이슬러와의 합병에 '도전'을 한 것이다. 합병 후 다임러크라이슬러에 위기가 발생하자 그는 "5년 전인 1995년에 다임러-벤츠도 60억 마르크(30억 달러)의 손실을 냈다. 그러나 2년 만에 우리는 문제를 다 해결했다. 필요하다면 같은 방법으로 크라이슬러도 구제할 것이다. 우리의 목표는 전세계에서 넘버 원 자동차 메이커가 되는 것이다"라고 자신감을 보였다.[3]

그러나 그가 크라이슬러를 무너뜨리고 있다고 믿는 사람들은 "그가 의존해야 할 것은 낡아빠진 공장도, 오르락내리락하는 매출이나 순익도 아니고, 바로 사람이었다"고 그의 잘못된 인사정책을 비난했다.[4] 그렇다. 사실 슈렘프는 크라이슬러의 요직에 있는 인재들을 해고시키거나 명예퇴직을 시켰다. 그들이 떠난 것은 크라이슬러에서 심장과 영혼이 떨어져나간 것과 같다고까지 말하는 사람들도 있었다. 평등한 합병이라며 크라이슬러의 경영진과 주주들을 현혹시켰지만, 실제로 이 합병은 슈렘프의 야심과 음모가 결합된 작품이라는 것이다.

합병이 거의 완성되어갈 무렵, 합병 후 크라이슬러의 순익은 1998년 수준인 50억 달러에 달하게 될 것이라고 예측이 되었다. 그러나 1999년 말 당시 크라이슬러의 사장이었던 제임스 홀든은 이 예측 수치를 25억 달러로 낮추었는데, 그 이유는 신모델을 출시하기 위한 시설 및 장비 교체 등에 수십억 달러가 필요하기 때문이라고 말했다. 그런데 당시는 경기침체의 먹구름이 막 다가오기 시작하는 시기였다.

합병 후, 합병 전에 했던 예측보다 수익이 적어질 것이라는 뉴스가 전해지자 슈렘프는 참을 수가 없었다. 그리하여 크라이슬러 측에 그해 상반기에 팔릴 것으로 예상되는 대수보다 7만 5,000대나 더 많은 구형 자동차를 생산하여 신속하게 딜러들에게 실어 보낼 것을 명령한다. (이런 방법은 경영실적을 자랑하기 위해 많이 쓰는 회계수법인데, 자동차산업의 경우 딜러가 소비자에게 판매한 시점이 아니라 딜러에게 인도된 시점을 자동차가 판매된 시점으로 인정하기 때문에 이런 수법을 사용하는 것이다.) 그 결과 크라이슬러는 2000년 상반기에 예상 순익 목표인 25억 달러보다 약간 적은 순익을 기록하게 된다.

신형 자동차가 8월에 출고될 예정인 상태에서, 팔리지도 않은 구형 미니밴으로 가득 차 있는 딜러의 쇼룸에 새로 생산된 구모델 자동차들이 들이닥쳤다. 당시 자동차 판매는 막 닥치기 시작한 경기침체로 내리막길을 걷고 있었다. 그리하여 크라이슬러가 선택한 방법은 최고 인기 상품이었던 미니밴에 대해서도 리베이트를 해주는 것이었는데, 구형 모델의 경우에는 3,000달러까지 리베이트를 해주었다. 물론 크라이슬러의 수익은 떨어질 수밖에 없었다. 특히 1990년대에 호황을 누린 후 수익성 증가를 노리고 일반 승용차와 트럭의 품질을 한껏 높여놓은 상황에서 제 가격을 받기는커녕 리베이트를 해주다 보니 채산성이 악화될 수밖에 없었다. 기업 간 경쟁은 치열해지고, 그 결과 제값을 받고 판매하는 것은 상상도 할 수 없게 되었다. 결국 리베이트로 인해 그해 3분기와 4분기의 수익은 심한 타격을 받게 되었다. (리베이트 경쟁에 대해서는 아래 Information Box를 참조하시오).

리베이트

리베이트(rebate)란 물건을 구입한 소비자들에게 구매액의 일부분을 돌려주겠다고 약속하는 것을 말한다. 리베이트는 보통은 소비자들에게 직접 주어지는데, 딜러들이 받아서 그 중 일부를 갖고 나머지를 소비자들에게 주든가, 아니면 전액을 소비자들에게 주든가 한다.

물론 리베이트의 목표는 구매자들에게 낮은 가격을 제시함으로써 판매를 증진시키는 것에 있다. 그렇다면 왜 판매할 때 아예 가격을 깎아주지 나중에 돌려주는 정책을 쓸까? 리베이트는 평상시에 가격을 할인해주는 제도와 달리 한정된 기간 동안만 판촉 수단으로 사용된다. 특정 기간 동안 리베이트 혜택을 부여한다는 광고를 하면 행사 기간 동안에는 판매가 증진되는 효과를 볼 수 있다. 그러나 리베이트는 어디까지나 단기적인 판매 증진 효과만 가져올 뿐, 리베이트 부여 기간이 종료되면 사업에 미치는 부정적인 영향이 더 클 수도 있다.

think about this

제조업체의 시각으로 볼 때 리베이트에는 위험부담이 있다고 생각하지 않는가? 소비자로서 가격할인보다 나중에 돈을 환불해주는 리베이트를 더 선호하겠는가? 리베이트와 가격할인과 차이가 있다고 보는가?

문제 해결을 위해 팔을 걷어붙인 슈렘프

2000년 하반기에 대규모 손실이 발생하자 슈렘프는 제체를 디트로이트에 보내 다음과 같은 명령을 전달하게 했다. "문제를 해결하기 위해 앞으로는 내 명령에 따르도록 한다."[5] 디트로이트 크라이슬러 본사에 도착한 첫 날, 제체는 영업부 책임자를 해고시켜버린다. 그리고 두 달 후에 제체는 3개년 위기타개책을 수립한다. 이 대책에는 2만 6,000명 (전체 노동인력의 29%에 해당하는)을 해고시키고, 부품가격을 15% 인하하고, 자동차 조립공장 여섯 군데를 폐쇄시킨다는 계획이 포함되어 있었다. 이 계획과 더불어 제체는 2002년이 되면 손실을 제로로 돌려놓고 2003년에는 20억 달러에 달하는 영업수익을 낼 것이라는 예측을 했다.[6] 물론 이 정도는 표 5-1에서 보았듯이 합병 전인 1993년~1997년 사이에 크라이슬러가 달성했던 영업수익을 한참 밑도는 수준이었다.

슈투트가르트의 다임러-벤츠 본사에서 온 제체의 동료 볼프강 베른하르트는 엔지니어들과 문제해결 전문가들을 50개 팀으로 묶어 부품 값을 절약할 수 있는 방안을 모색하게 했다. 그 결과, 부품공급업체들에게 2001년까지는 부품공급가의 5%를, 그리고 그 다음 두 해 동안에는 추가로 10%를 더 인하하여 공급하도록 명령을 내린다. 세계에서 두 번째로 큰 부품메이커인 로버트 보쉬 GmbH(Robert Bosch GmbH)와 페더럴 모굴(Federal Mogul)사는 공급가를 인하할 수 없다며 이 요청을 거부했다. 그러자 제체는 말했다. "만일 그들이 비협조적으로 나오며 부품가격을 15% 인하하지 않는다면 우리는 장차 중대한 결정을 내려야 할 것이다."[7]

베른하르트는 경비삭감의 한 방법으로 품질을 향상시키는 방안에도 신경을 썼다. 품질평가조사 결과, 사륜구동트럭의 품질이 형편없는 것으로 나타났다. 그리하여 새로운 모델들의 경우 디자인 단계에서부터 엄격하게 품질에 신경을 쓰도록 했다. 후에 문제가 발생하고 나서 해결에 나서기보다는 제작단계에서부터 문제를 예방하자는 것이 베른하르트의 전략이었던 것이다.

제체는 1990년대에 큰 인기를 끌었던 크라이슬러의 전통적인 디자인을 다시 사용하기로 결정했다. 그 결과로 탄생한 2001년형 미니밴, 2002년형 램(Ram)등의 모델은 혁신적이라기보다는 과거의 모델을 조금 개선한 형태라고 할 수 있었다. 이런 노력에도 불구하고 크라이슬러의 미니밴 시장은 내리막길을 걷고 있었고, 이 기회를 이용해 도요타(Toyota)와 혼다(Honda)가 강력한 라이벌로 등장하고 있었다.

경쟁이 치열해지자 제체는 다임러 본사의 특별한 자산을 빌려 크라이슬러의 위기를 극복하기로 결정한다. 즉, 메르세데스-벤츠의 품위와 기술력을 빌려오기로 한 것이다. 사실 메르세데스 측은 합병 후 벤츠의 특급 브랜드 이미지가 크라이슬러의 평범한 이미지로 인해서 하락하지 않을까 걱정을 했다. 그 결과 벤츠의 기술을 크라이슬러에 제공하는 것을 꺼렸다. 그러나 다른 방도가 없자 결국 메르세데스-벤츠는 크라이슬러와 부품을 공유하기로 결정을 내린다. 2004년과 2005년에 출시될 크라이슬러 콩코드와 300M의 후진구동형 모델에는 메르세데스-벤츠의 트랜스미션과 시트 프레임을 비롯한 기타 부품들이 사용될 것이다. "제체가 메르세데스의 요술 방망이의 힘을 빌려 메르세데스의 고품격 이미지를 손상시키지 않고 크라이슬러를 회생시킬 수 있다면, 크라이슬러의 미래는 밝을 것이다." [8]

이와 더불어 제체는 그와 베른하르트의 부임 이후 크라이슬러 내부에 조성된 반독일 정서를 극복하기 위해 많은 노력을 기울였다. 향후 인재 확보를 위해서 그는 오랜 경륜을 지닌 크라이슬러 임원들 중 상당수에게 떠나지 말고 크라이슬러에 남아줄 것을 부탁했다. 이런 노력의 결과, 인력을 감축하고 공장을 폐쇄한 것은 기업의 회생을 위해 불가피한 조처였다는 평가가 내려지게 된다. 심지어는 미국자동차노조(UAW)의 스티브 요키치 위원장조차도 "그렇게 하지 않았다면 크라이슬러란 이름을 다시 볼 수 없었을지 모른다"라고 말하며 제체의 정책에 지지를 보냈다.[9]

슈렘프가 당면한 다른 문제들

슈렘프에게는 해결해야 할 문제가 두 가지 더 있었다. 2000년 10월, 크라이슬러의 다른 임원들의 반대에도 불구하고 슈렘프는 미쯔비시 자동차(Mitsubishi Motors)의 지분 34%를 인수했는데, 그 계약에는 3년 후에는 지분 100%를 완전히 인수한다는 조건이 포함되어 있었다. 이 계약이 종료되자마자 미쯔비시 측은 과거 수십 년 동안 품질관리를 제대로 못해왔다는 사실을 인정했다. 그리고 지난 6개월 동안 손실액이 두 배나 증가했다는 사실도 발표했다. 슈렘프는 위기타개 전문가를 COO로 임명하여 일본어를 할 줄 아는 다임러의 임원 10여 명과 함께 미쯔비시에 파견했다. 그리고 나서 얼마 안 있어 미쯔비시의 새로운 CEO인 다카시 소노베는 독일팀이 아닌 자신이 미쯔비시의 모든 경영을 총괄할 것이며, 바뀌는 것은 아무것도 없을 것이라고 발표한다. 이것은 독일인들에 대한 일종의 저항이었다.[10]

한편 북미 대형 트럭의 선두주자인 다임러크라이슬러의 프레이트라이너(Freightliner)도 북미 시장이 십 년 만에 가장 큰 슬럼프에 빠짐에 따라 매출 감소로 위기를 겪고 있었다. 그런데 프레이트라이너는 이런 침체기가 오기 전에 공격적인 팽창정책을 채택하여 다른 트럭 메이커들을 인수했고, 고객을 확보하기 위해서 중고 트럭을 손봐 새것처럼 복원시키는 공장시설에 대대적인 투자를 했다. 그러나 불행하게도 신형 트럭 및 중고 트럭에 대한 수요는 50%나 하락했고, 그 결과 트럭 가격은 급락하고 말았다. 그러자 슈렘프가 이 트럭사업부의 책임자로 독일인을 임명하게 될 것이라는 소문이 사내에 파다하게 퍼졌다.[11]

향후 예측

2001년 중반 현재 많은 전문가들은 슈렘프가 크라이슬러를 부활시킬 가능성에 대해 회의적인 태도를 보이고 있었다. 장기적으로 볼 때는 물론 가능성이 있을 수도 있겠지만, 채권자들이나 주주들이 크라이슬러가 오랫동안 수익을 내지 못해 주가가 바닥을 기고 있는 상황을 두고 볼 것인가는 상당히 의문스러웠다. 증권시장에는, 다임러크라이슬러의 가장 큰 대주주인 도이치 뱅크(Deutsche Bank)가 슈렘프를 축출할 것이며, 크라이슬러는 여러 회사로 나뉘어 팔려나갈 것이라는 소문이 돌았다.[12]

그러나 독일 은행들이나 주주들은 월스트리트보다는 인내심이 많았다. 사실 다임러크라이슬러는 뉴욕증시에 상장된 최초의 독일계 기업이었고, 바로 그런 점에서 슈렘프는 전세계 금융시장에 독일 기업의 무언가를 보여주고 싶어했다. 그리고 그런 이유 때문에 분기마다 예상수익을 맞추려고 노력했던 것이다. 사실 시장이 불안한 경우, 예상했던 수익에 도달하지 못하면 그 회사의 주가는 어김없이 폭락하고 만다. 이런 현실이 슈렘프를 괴롭혔다. "나는 매분기 결산에 초점을 맞추는 이 제도가 회사에 결코 이롭지 못하다고 생각한다. 왜냐하면 때에 따라 분명한 이유가 있어 지출이나 투자를 증가시켜야 할 때가 있다. 그런데 그런 이유로 수익이 적게 나는 경우에도 그들은 내가 목표를 달성하지 못했다고 비난을 한다." [13]

슈렘프를 괴롭히는 요인은 또 있었다. 인수합병의 거장이며 다임러크라이슬러의 세 번째로 큰 주주인 커크 커코리언이 상황이 빠른 시간 내에 반전되지 않으면 슈렘프를 축출하겠다고 위협하고 있었던 것이다. 그리하여 커코리언이 만나자고 요청을 하자 겁이 난 슈렘프가 그를 만나는 대신 남아공에 있는 개인 목장으로 도망쳤다는 소문이 자자했다. [14]

크라이슬러의 임원들은 슈렘프를 좋아하지는 않았지만 그가 축출당할 경우 상황이 더 악화될 것이라는 사실을 알고 있었다. 슈렘프가 없다면 그나마 크라이슬러의 슈투트가르트 메르세데스 본사로부터 지원을 받지 못할 것이고, 그렇게 되면 회생에 필요한 재원을 확보할 길이 없었다. 만일 그런 사태가 발생할 경우 크라이슬러는 여러 회사로 분할되어 매각되거나 다임러크라이슬러 제국으로 남아 파멸하는 길밖에 없었던 것이다. [15]

분석

이 사례는 인수합병 후 회사가 오히려 위기에 처하는 모습을 잘 보여주고 있다. 이런 문제들의 원인은 다양하지만, 대개의 경우 공통점이 있다.

그렇다면 합병 후 크라이슬러가 위기에 처하게 된 이유는 무엇일까? 우리는 이 원인을 (1) 다임러 측의 책임, (2) 크라이슬러 측의 책임, 그리고 (3) 상황을 더 악화시킨 외적인 요인 등으로 나누어 분석해보기로 하겠다. 그러고 나서 '동등한 관계의 합병'이란 개념에 대해서 살펴보기로 하겠다. 과연 두 회사가 동등한 위치에서 합병을 하는 것이 현실적으로 가능할까?

다임러 측의 책임

정신적인 갈등

인수나 합병의 경우 아무리 유사한 성격의 회사가 결합한다고 해도 서로 다른 문화 간에 충돌이 일어나기 마련이다. 예를 들어 한 회사는 분위기가 유난히 보수적인 반면, 다른 회사는 공격적이다 못해서 방만하게 느껴질 때도 있다. 한 회사는 형식적인 것을 유난히 따지고, 다른 회사는 형식적인 것을 싫어할 수 있다. 또한 한 회사는 규칙을 정해놓고 그 규칙에만 따르기를 강요하는 반면, 다른 회사는 모든 결정에 상대적으로 자유로울 수 있다. 한 회사는 예산 집행이나 분석에 엄격하여 지출의 모든 분야에 간섭을 하는 반면, 다른 회사는 예상보다 지출이 더 많이 나가더라도 그것이 매출 증가에 도움이 된다면 그 정도는 얼마든지 수용할 수 있다는 자세를 보인다. 이렇게 상반되는 기업문화가 만나는 경우 두 문화의 융화는 기대하기가 어렵다.

같은 국적의 기업이더라도 이렇게 서로 다른 기업문화가 만나 융화되는 것이 쉽지 않은데, 하물며 독일과 미국의 기업이 만나는 경우에는 얼마나 문제가 많겠는가? 국가적 자부심과, 자부심을 넘어선 편견이 존재하는 경우 융화는 더욱 더 먼 과제일 것이다.

더욱이 독일의 상징적인 기업과 오랜 전통을 지닌 미국 기업이 역사에 남는 대규모의 인수합병을 한 경우, 문화의 충돌로 인한 정신적 갈등이 초래될 것은 불을 보듯 뻔한 일이다. 특히 리더십을 공유하기로 약속해놓고 한쪽이 일방적으로 다른 쪽에 명령을 내리는 경우, 명령을 받는 쪽에서는 분노가 확산된다. 크라이슬러의 경우 직원들과 노동자들의 감정은 제2차 세계대전으로까지 거슬러 올라갔다.

이런 미국과 독일의 오래 묵은 감정 외에도 이들 두 기업에는 다른 점이 너무도 많았다. 다임러는 독일의 전통 기업이라는 이미지에서 벗어나 세계적인 기업으로 탈바꿈하면서 끊임없이 다양한 문화와 부딪쳐왔다. "독일인들에게는 본능적으로 계급의식, 질서의식, 그리고 계획의식이 있다. 다임러의 임원들은 자신들의 명함에 박사나 교수라는 직함을 꼭 집어넣는다. 그리고 어두운 색 정장에 조끼까지 갖추어 입는다. 반면 크라이슬러의 경우 창의성과 자율적인 분위기로 유명하다." [16]

크라이슬러의 자유로운 기업문화 덕분에 이 회사는 우리가 표 5-1

과 표 5-2에서 보았듯이 1990년대 중반, 치열한 경쟁 속에서 상당히 높은 시장점유율을 차지할 수 있었다. 크라이슬러의 통제하지 않고 규율에 얽매이지 않는 기업문화야말로 창의적인 사고와 기술혁신의 원동력이 되었던 것이다. 그러나 크라이슬러의 이런 창의력은 독일 기업과의 합병으로 인하여 위축되었을 뿐만 아니라, 더 나아가 억압받게 되었다. 독일 측은 큰 경비를 들이거나 깊은 연구를 하지 않고도 소비자들이 원하는 자동차 모델을 만들어내어 크라이슬러의 발전에 크게 기여한 밥 루츠 같은 디자이너들을 별로 높이 평가하지 않았다.

"크라이슬러의 전통인 대담함과 상상력은 독일인의 경영 하에서 땅속으로 묻히고 말았다."[17]

표 5-2_ 미국 자동차 3사 중 크라이슬러의 시장점유율, 1991-1998

미국 승용차/트럭 메이커들 중 크라이슬러의 매출 비중(%)	
1991	12.2
1992	13.7
1993	15.0
1994	15.6
1995	14.8
1996	16.5
1997	15.8
1998	NA

* 출처: 회사 매출 보고서 (1998년 수치는11월에 있던 합병 때문에 나오지 않았다.)
* 분석: 1990년대 중반 및 후반의 크라이슬러의 약진은 높이 평가할 만하다. 시장점유율이 0.5% 증가한다는 것은 그만큼 경쟁력이 높아진다는 의미이다. 1996년의 경우 1991년에 비해서 시장점유율이 무려 4.3%나 높아졌고, 1997년의 경우에는 1991년에 비해 3.6% 높아졌다. 이렇게 1990년대 후반 크라이슬러의 약진이 두드러졌기 때문에 독일의 다임러사가 크라이슬러에 눈독을 들이게 된 것이다.

슈렘프의 대 실수

슈렘프의 계산착오는 합병한 지 일 년이 채 지나지 않아서 비극적인 결과를 초래했다. 그는 새 모델의 출시가 멀지 않은 상황에서 소화할 수 있는 능력보다 7만 5,000대를 더 생산하여 선적하게 하는 실수를 저질렀다. 물론 그 덕분에 상반기의 매출과 수익은 좋게 나타났다. 그러나 2000년 하반기에는 재고의 불균형 현상이 초래되었고, 이 영향은 2001년 초 몇 달까지 이어졌다. 그와 같은 초과생산 결정으로 인해 크라이슬러의 손실은 더욱 불어나게 되었고, 한 발 더 나아가 슈렘프가 크라이슬러를 합병한 정책이 과연 올바른 것이었는가 하는 점까지 의심받게 되었다.

크라이슬러 측의 책임

물론 크라이슬러 측에도 책임이 없는 것은 아니다. 크라이슬러는 1990년대 후반, 수익이 막 줄어들기 시작하는 시점에서 지나치게 비대해져 있었고, 경영효율성에도 문제가 있었다. 다시 말해 다임러가 오기 전부터 문제의 소지가 충분히 있었다는 것이다. 크라이슬러의 쇼룸에는 탄생 5년을 맞은 크라이슬러의 간판스타 미니밴을 비롯하여 팔리지 않은 구형 모델들이 가득했다. 그리하여 크라이슬러는 미니밴 판매 분야에서 여전히 선두 자리를 지키고 있었지만, 혼다 오디세이(Honda Odyssey)등 새롭게 등장한 경쟁기업들의 모델에 시장을 조금씩 내어주고 있었다.

위에서 확인했듯이 1990년대 중반에 크라이슬러는 큰 폭의 성장을 했는데, 이 성장요인은 물론 크라이슬러의 독특한 디자인, 그리고 시장에서의 리더십에 있었다. 그 외에 환경적인 요인도 무시할 수 없다. 당시 자동차시장은 전반적으로 상승세를 타고 있었고, 그 결과 수익성이 높은 미니밴과 픽업트럭에 대한 수요가 높았다. 그러나 수년간 계속되었던 그 분위기가 다임러가 크라이슬러를 인수하고 얼마 되지 않아 가라앉아버렸다. 끝없이 계속될 것 같았던 램 픽업트럭, 지프 그랜드 체로키, 닷지 듀랭고 등에 대한 높은 수요는 불행하게도 어느 정도 시간이 지나자 사그라지기 시작했다. 그러나 크라이슬러는 과거에 도저히 도달하지 못했던 목표를 설정했는데, 그것은 시장점유율을 2005년까지 20%로 높인다는 것이었다. (표 5-2에서 우리는 크라이슬러의 시장점유율 변화 동향을 살펴보았다. 그 표에서 볼 수 있듯이 과거에 달성한 수치들은 20%와는 거리가 멀다.) 이 목표에 도달하기 위하여 크라이슬러는 공장시설을 재정비하고 기계들을 새롭게 구입했다. 크라이슬러는 1996년~1999년 사이에 시장점유율 대비 노동자 숫자가 가장 적은 회사였다. 목표를 높이 잡은 만큼 지출규모는 턱없이 커졌는데, 당시 크라이슬러의 경영진에서는 이런 분위기에 아무런 제동도 걸지 않았다. "이 회사는 원래의 목표와 방향에서 벗어났다"라고, 과거 이 회사에서 수석 엔지니어로 일했던 프랑수와 카스탱은 지적한 바 있다.[18]

회사의 규모가 비대해지자 상하 간, 부서 간 대화와 정책 조정에 문제가 발생했다. 그리하여 팀들은 서로 의견을 조율하지 않은 채 팀별로 자동차 제작에 필요한 플랫폼과 부품들을 편한 대로―타 모델과 공유할 수 없는 제품들로―구입했다. 물론 이런 구매는 규모의 경제의 면에서 볼 때 지극히 비효율적이다. 예를 들어 듀랭고와 지프는 서로 다른 와이퍼를 사용했으며, 크라이슬러의 5개 생산팀이 플라스틱 범퍼 표면을 강화하기 위해 사용하는 철강부식 방지장치의 종류도 세 가지나 되었다.[19]

크라이슬러 측의 실수는 이 밖에도 많다. 구형 모델이 신형 모델로 바뀌는 시점에서 구형 모델을 계속 생산하기로 한 것도 크라이슬러 측의 실수이다. 물론 이것은 우리가 앞에서 보았듯이 슈렘프의 압력에 의해서 내려진 결정이다. 바로 이런 결정 때문에 크라이슬러는 2000년에 큰 비극에 직면한 것이다. 그렇다면 슈렘프가 이런 결정을 내렸을 때 크라이슬러의 임원들이 이 결정을 적극적으로 막을 수는 없었을까? 만일 크라이슬러의 경영진이 구형 모델을 계속 생산하는 정책을 시행하지 않고 신형 모델에 집중했다면, 크라이슬러는 그 후 몇 년 동안 그렇게 아슬아슬한 곡예를 하지 않아도 되었을 것이다.

외적인 요인

물론 합병이 이루어진 시점이 좋지 않았다. 하필이면 자동차산업뿐만 아니라 경제 전반에 걸쳐 불경기가 들이닥칠 시점에서 합병이 이루어진 것이다. 크라이슬러는 경기침체를 전혀 예측하지 못하고 시설에 지나치게 많은 투자를 했으나, 불행하게도 얼마 되지 않아 경기침체기가 왔다. 게다가 크라이슬러의 제품들은 불경기에도 계속 팔리는 고가 프리미엄급 제품들이 아니었다. 그 결과 2001년 초 침체기에 크라이슬러는 고객을 유치하기 위해 다른 자동차 메이커들에 비해 과도한 리베이트와 인센티브를 제공하게 된 것이다.

이 밖에도 크라이슬러는 황금기 동안 경쟁업체들의 향후 위협 가능성에 제대로 대비를 하지 못했던 것 같다. 인센티브를 엄청나게 제공했음에도 불구하고 크라이슬러는 2001년 1분기에 시장점유율이 감소하는 현상을 지켜보아야 했다. 크라이슬러의 시장점유율은 2000년 같은 기간의 15.1%에 비해서 14.2%로 떨어졌던 것이다.

양자간 동등한 관계의 합병이 과연 존재할까?

이론적으로는 존재할 수 있겠지만, 현실적으로 양자간 동등한 관계의 합병은 지극히 드물다. 합병의 양 당사자가 새롭게 자본을 공동으로 조성하여 이 돈으로 새로운 주식을 구입하지 않는 한―그런데 이런 일은 현실적으로 아주 드물다―합병에는 언제나 합병을 한 기업과 합병을 당한 기업이 존재하기 마련이다. 합병에 참여한 두 기업이 이사회에서 동일한 수의 이사를 보유하고 있다고 할지라도, 여전히 합병을 추진한 기업과 그 회사의 임원들이 이사회를 지배한다. 합병한 기업의 이름에 양쪽 기업의 이름이 동시에 들어간다고 해서 동등한 관계의 합병이었다고는 볼 수 없다.

예를 들어 2000년에 시행되었던 통신업체 벨 애틀랜틱(Bell Atlantic)과 GTE의 합병은 두 회사의 이름을 다 버리고 버라이존(Verizon Communications)이라는 새 이름을 채택함으로써 '동등한 관계'의 합병으로 알려지게 되었다. 그러나 이름이 바뀌었다고 해서 달라지는 것은 아무것도 없다는 사실을 알 만한 사람들은 다 안다. 아무리 새 이름으로 탈바꿈을 했어도 이 회사를 실제로 지배하는 것은 벨 애틀랜틱이다. 게다가 한 회사가 다른 회사보다 더 많은 주식을 보유하는 경우(보통 주식 구매량은 기업의 크기를 상징한다) 당연히 주식을 많이 보유한 쪽이 합병기업을 지배한다. 다임러의 경우, 합병 추진 전부터 시가 총액이 크라이슬러를 인수한 금액인 360억 달러보다 높은 480억 달러 짜리 기업이었다.

그렇다면 인수당한 기업의 경영진들에게 동등한 관계의 합병이란 것이 큰 의미를 지닐까? 합병 후에도 자신들의 몫이 보장되지 않는 한, 아니면 합병을 추진한 기업이 자신들을 제대로 대접해 주지 않는 한, 큰 의미를 지니지 않는다. 그러나 합병 협상 중에 누가 나중에 주도권을 잡을 것인가를 두고 이견이 발생하여 협상 자체가 결렬되는 경우가 많다. 한 예로, 세계적인 통신 장비 업체들인 미국의 루슨트(Lucent)와 프랑스의 알카텔(Alcatel)이 합병을 추진했었는데, 최종회담이 열릴 예정이던 2001년 5월 29일, 헨리 B. 샤슈트 루슨트 회장이 돌연히 회담을 취소해버리는 사태가 발생했다. "시간이 흐르면서, 합병을 한다기보다는 상대 기업에서 우리 기업을 인수하려 한다는 의중을 읽었기 때문이다"라고 루슨트의 한 협상 참가자가 밝혔다. 그들은 알카텔이 미래의 합병기업의 경영권을 주도할 가능성이 있다는 사실을 도저히 받아들일 수 없었던 것이다.[20]

결론

합병이 만병통치약은 아니다

최근 몇 년 동안 합병의 열기와 그로 인한 부작용으로 몸을 사리는 일이 반복되는 가운데, 업계는 인수합병을 통한 성장에서 제기될 수 있는 문제의 해결책을 찾기 위해 노력해왔다. 왜 기업 스스로 발전할 생각은 하지 않고 인수합병만을 모색해왔던 것일까? 1980년대에 인수합병을 주도했던 논리는 바로 '시너지효과'였다. 두 기업이 합병하는 경우 두 기업 모두 엄청난 이득을 본다는 논리였다. (자세한 내용은 오른쪽 Information Box '시너지효과' 편을 참조하시오.)

월스트리트의 협상 전문가들, 투자은행들, 그리고 변호사들 중에서는 아직도 합병 업무에 목숨을 거는 사람들이 많다. 그러나 실제로 합병이 성사되는 경우는 드물며, 합병이 이루어진다 해도 비극으로 끝나는 경우가 상당히 많다.

우리는 다임러크라이슬러의 사례에서 문화적 충돌의 문제를 확인했다. 그러나 문화적 충돌은 수많은 문제들 중 하나일 뿐이다. 인수합병 대상을 찾는 많은 기업들이 인수합병을 하려는 이유는, 두 기업이 합병을 하면 시장점유율이 증가할 수 있거나 상대방이 보유한 전략적 기술을 습득할 수 있기 때문이다. 아니면 기업규모를 키워서 그 업계에서 세를 과시하고 싶어서(임원진의 규모 및 수 역시 큰 규모임을 자랑하고 싶은 마음에), 또한 기업규모가 커지면 월급도 상승할 것이라는 기대감에 합병을 추진하기도 한다.

합병에 들어가는 자금을 빌려오는 것은 생각보다 어렵지 않다. 이렇듯 자금을 외부에서 빌려오는 바람에 대규모 부채가 존재하는 경우, 기업소득세 감면 혜택을 받을 수 있고, 수익은 소수의 관계자들끼리 나누어질 수 있으며, 그 결과 주당 배당률은 상승하게 된다. 그러나 현실을 보면 인수합병의 대상이 되었던 기업의 임직원들 상당수는 해고되기 마련이고, 두 기업의 융화나 효율적인 경영은 말뿐이고 실제로 실현되지 않는다. 이런 상황에서 상대 기업을 인수한 기업은 인수합병 시 쏟아부은 자금 때문에 거액의 부채에 시달리게 되고, 결국 손익분기점에 도달하기도 전에 큰 경제적 부담을 안게 된다.

┈┈┈┈┈ **Information Box** ┐

시너지효과

시너지(Synergy)효과는 부분의 합이 전체보다 클 때 생긴다. 다시 말해, 개별적으로 존재할 때보다 힘을 모으는 경우에 더 큰 효과가 발생한다는 것이다. 기업이 인수합병을 하는 경우, 합병하기 전에 각 기업이 개별적으로 내던 실적보다 합병 후의 통합 기업이 훨씬 더 큰 경영실적을 올릴 것이고, 더 생산적이고 효율적이 될 것이며, 따라서 더 큰 수익을 낼 것이라고 기대한다. 다시 말해 인수합병 시 기대되는 공식은 '2 + 2 = 5'이다.

그렇다면 어떻게 그런 시너지효과가 발생하는 것일까? 공장 등 모든 가동라인에 개별적으로 두 번씩 들어가던 노력을 한 번만 할 수 있어 규모의 경제가 이루어진다면, 합병으로 전문화가 이루어질 수 있다면, 금융자산이나 기술력, 그리고 경영능력이 모여 더 큰 힘을 발휘할 수 있거나 새로운 시장을 개척할 수 있다면, 시너지효과는 발생할 수 있다. 이렇게 합병이후, 기업이 개별적으로 존재할 때보다 시장에 큰 힘을 과시할 수 있어야 합병은 성공한 것이고 시너지효과가 발생하는 것이다.

시너지효과는 언제나 인수합병의 좋은 구실이 된다. 그러나 예상했던 것과 전혀 다른 사태가 발생하는 경우가 종종 있다. 기업이 개별적으로 존재했던 것보다 더 못한 상황이 발생하는 마이너스 시너지 현상이 발생하는 것이다. 두 합병기업 간에 마찰이 있는 경우, 두 기업의 사업목적이 양립될 수 없는 경우, 새롭게 조성된 기업문화가 직원들에게 공포감이나 분노, 그리고 좌절감을 안겨주는 경우에는 적어도 단기적으로나 중기적으로는 시너지효과는 발생할 수 없다. 그 밖에도 지나치게 낙관적인 생각으로 합병을 주도하거나 실제 가치보다 훨씬 비싼 가격을 주고 인수를 하는 경우, 합병 후유증은 더 크다.

크라이슬러의 경우 문화적 충돌 외에 이런 모든 문제들이 존재했던 것은 아닐까?

think about this

개별적으로 일을 하는 것보다 위원회나 그룹으로 모여서 일을 하는 것이 시너지효과를 낸다고 생각하는가? 그렇다고 생각하면 그 이유를, 그렇지 않다고 생각하면 그 이유를 설명하시오.

합병을 할 때는 문화적 차이를 반드시 고려해야 한다

사고방식의 차이, 관습의 차이, 행동방식의 차이, 상대편에 대한 편견 등은 쉽게 극복되지 못한다. 합병을 추진한 기업은 합병을 당한 기업에게 자신의 문화를 일방적으로 강요한다. (물론 바로 이런 이유 때문에 인수당한 기업의 직원들은 자부심을 잃지 않으려고 노력하고 새로운 세력에 협력하기를 거부한다.) 크라이슬러와 다임러의 합병—전형적인 불평등한 합병—에서 보았듯이, 한쪽에는 우월감이, 다른 쪽에는 분노가 존재하는 경우, 두 문화의 융화는 기대하기 어렵다.

그렇다면 합병을 추진하는 기업은 신속하게 분위기를 장악해야 하는가, 아니면 상황을 보아가면서 서서히 추진해야 할 것인가? 물론 서서히 분위기를 보아가면서 하는 방법도 나쁘지는 않지만, 이런 접근법을 사용한다고 해서 성공하리라는 보장은 없다.

평등한 합병에 대한 약속은 신뢰하기 어렵다

합병을 추진하는 단계에서는 두 기업 모두 평등한 합병이 이루어질 것이라고 다짐을 하고, 또 그렇게 믿는다. 그런데 실제로 합병을 하고 나면 그런 약속은 립서비스로 드러나는 경우가 대부분이다. 이사회의 이사 수가 똑같다고 해도 다른 사람들보다 더 강한 성격의 소유자가 있기 마련이고, 주식 보유 현황에 따라 더 큰 힘이 부여되기도 한다. 그렇기 때문에 양자 평등한 합병은 말뿐이고, 인수합병을 당한 기업은 인수한 기업의 밑으로 들어가 그 기업을 위해 일하는 양상이 되고 만다.

두 회사가 함께 승리할 수 있는
다른 방법은 얼마든지 있다

거액을 들여 두 기업 간 마찰을 초래하며 여러 가지 문제에 시달리지 않아도 두 기업의 세력을 키울 수 있는 다른 방법이 있다. 소위 '파트너링'이라고도 불리는 전략적 제휴가 바로 그것인데, 성장 촉진을 모색하는 기업들이 주로 사용하는 이 방법은 최근 증가 추세에 있다. 자세한 사항은 아래 Information Box를 참조하기 바란다.

전략적 제휴

혹자는 전략적 제휴(Strategic Alliances)야말로 향후 100년 동안 미국 재계에 가장 큰 영향을 미칠 현상이라고 예측하고 있다. 전략적 제휴의 형태는 아웃소싱, 정보 공유, 웹 컨소시엄, 공동 마케팅 등 그 형태가 다양하다. 전략적 제휴의 가장 발전된 형태는 기업 파트너십으로, '두 개의 완전히 독립된 기업이 모기업들에서 독립된 하나의 새로운 기업을 설립하여 협력을 하는' 형태이다.

대기업들 가운데 전략적 제휴를 추진한 대표적 기업이 바로 코카콜라이다. 코카콜라는 20년 만에 처음으로 스티븐 헤이어라는 외부 인사를 대표이사로 영입했는데, 헤이어는 터너 브로드캐스팅 시스템스(Turner Broadcastings Systems)의 대표이사였다. 그가 코카콜라의 대표이사에 취임하고 나서 제일 먼저 한 일은 코카콜라의 비탄산음료 부문을 따로 모아 P&G의 스낵 부문과 전략적 제휴를 추진한 것이었다. 예를 들어 감자칩과 음료수의 만남을 주도한 것이다. 이렇게 재계의 두 거대 기업의 전략적 제휴로 새로 탄생할 기업의 매출은 무려 40억 달러가 될 것이라고 한다.

2000년에 이루어진 전략적 제휴만 해도 무려 1만 건이 넘는데, 전략적 제휴를 선택한 대표적인 기업들을 살펴보면, IBM, 케이마트, 월마트(Wal-Mart), 화이자(Pfizer), 일라이 릴리(Eli Lilly), 다우 케미컬(Dow Chemical), 제록스, 시스코(Cisco), 마이크로소프트(Microsoft), 에이오엘(AOL), 인텔(Intel) 등이 있다.

카니발라이제이션이 두렵다고
기술혁신을 억제해서는 안 된다

카니발라이제이션(cannibalization)은 한 기업의 신제품이 그 기업의 기존 제품 시장을 잠식하는 현상을 일컫는 것이다. 시장에 구모델이 가득 풀려 있는 상태에서 신제품이 출시되는 경우에 이런 현상이 나타나는데, 다임러의 압력에 의해 신모델 출시를 얼마 앞두지 않은 상태에서 구형 모델을 잔뜩 생산한 크라이슬러가 겪었던 현상이 바로 이 카니발라이제이션이다. 이 현상이 나타나면 회사는 골치가 아플 수밖에 없는데, 다임러크라이슬러의 경우 시장에서 구모델을 신속하게 제거하기 위해 과도한 리베이트를 제공했으며, 동시에 신모델의 판매를 촉진하기 위해서 신모델도 가격을 할인해주는 정책을 채택했다. 따라서 이 회사의 수익성은 떨어질 수밖에 없었다. 첨단기술이 계속해서 개발되는 컴퓨터산업이나 하이테크산업도 이런 현상에 시달리게 된다. 그렇다면 매출이나 수익에 타격을 주지 않으면서 구모델을 처분하기에 좋은 시기는 언제일까?

물론 신모델이 출시되는 시점에 구모델이 모두 시장에서 철수되어야 한다고 주장하는 것은 아니다. 그러나 적어도 신모델이 출시될 것이라고 발표한 후 몇 달 안에는 구모델의 생산을 감소시켜야 한다. 게다가 신모델이 기술적으로 소비자들의 눈길을 강력하게 끄는 경우, 구모델보다 비싼 가격에 판매되는 것이 정상이다. 다임러크라이슬러가 2000년에 겪었던 문제를 살펴보면, 신모델은 기술적으로 구모델과 큰 차이가 나지 않았다. 이런 상황에서 어떤 소비자가 구형보다 더 비싼 가격으로 굳이 신모델을 구입하겠는가?

많은 기업들은 카니발라이제이션과 관련된 딜레마에 빠져 있다. 어떤 제품이 성능이 향상되어 곧 시장에 출시될 예정이라고 할 때, 기업 입장에서 보면 가능한 한 빨리 제품을 출시하여 시장을 잠식하는 것이 좋다. 그러나 빠를수록 좋다는 사실을 알면서도 선뜻 제품을 시장에 내놓지 못하는 이유는 자사의 기존 제품 시장을 잠식하는 카니발라이제이션 현상이 두려워서이다. 게다가 신제품이 구제품보다 마진이 적은 경우 기업들은 망설이게 되는데, 비용은 많이 들고 수익성이 떨어지기 때문이다. 그러나 타기업들의 기술을 경계하려면 신제품을 출시하지 않을 수도 없다. 결국 카니발라이제이션을 지나치게 의식하여 기술혁신을 억제하는 경우, 장기적으로는 신기술을 개발하여 시장에 내놓은 타기업들에게 시장을 내주기 쉽다. 이런 점에서 '카니발라이제이션에 대한 두려움 때문에 기술혁신이 억제되어서는 절대 안 된다.'

최신 정보

앞 Information Box에서 '전략적 제휴'의 사례로 코카콜라와 P&G의 제휴를 언급했다. 그런데 2001년 9월에 이 두 회사는 42억 달러를 들여 주스와 스낵을 결합하는 조인트 벤처 설립 계획을 취소한다는 발표를 했다. 코카콜라 측 대변인은 이 제안이 경제적으로 수익성이 있음이 입증되지 않았다고 설명했다. "상품을 트럭에 실어 배달을 하여 얻는 유통시스템을 분석해보니, 스낵보다는 음료를 배달하는 것이 수익성이 더 높다고 나타났다."

이 협상의 결렬은 P&G에 타격을 주었는데, P&G는 판매실적이 저조한 프랭글스(Pringles)와 서니 딜라이트(Sunny Delight)를 본 사업에서 떼어낼 수 있는 좋은 기회라고 생각했기 때문이다.

한편, 코카콜라는 스위스의 네슬레(Nestle SA)와 함께 커피와 차의 공동 개발 및 판매에 관한 다른 조인트 벤처를 추진하고 있다.

* * *

2001년 후반기에도 다임러크라이슬러의 상황이 나아지고 있다는 소식은 전해지지 않고 있다. 2001년 초에 긴급 재무대책이 마련되었지만, 손실은 줄어들 기미가 보이지 않고 오히려 더 증가했다. 2001년 8월까지의 상황을 보면 크라이슬러는 자동차 한 대당 소비자들에게

2,289달러의 인센티브를 주었는데, 이는 포드나 GM에 비해서 높은 액수이다. 이렇게 경쟁사보다 더 많은 인센티브를 제공했는데도 시장점유율은 14% 미만으로 떨어져버렸다.

＊ ＊ ＊

2년에 걸쳐서 이루어진 78건의 인수합병을 검토한 컨설팅회사 부즈 앨런 앤드 해밀턴(Booz Allen & Hamilton)에 따르면, 합병의 53%가 합병기업들의 기대에 못 미치는 것으로 나타났다고 한다. 합병을 추진한 기업과 합병을 당한 기업의 규모가 비슷한 경우, 실패할 확률은 더 높아서 67%나 된다고 한다.

출처: Betsy McKay and Emily Nelson, "Coke and P&G End Plans to Form Venture for Their Juices and Snacks," *Wall Street Journal* (September 27, 2001), p. B4; Janet Whitman, "Mergers Often Look Better on Paper, Consultant's Study of 78 Deals Finds," Dow Jones News, as reported in *Cleveland Plain Dealer* (August 4, 2001), p. H3; Jeffrey Ball, "DaimlerChrysler Turnaround Seems to Be Going in Reverse," *Wall Street Journal* (October 11, 2001), p. B4.

다음 질문에 답해봅시다

❶ 크라이슬러의 최고경영진을 교체하기로 한 슈렘프의 결정은 현명한 것이었다고 생각하는가? 그렇다고 생각하면 그 이유를, 그렇지 않다고 생각하면 그 이유를 밝히시오.

❷ 크라이슬러의 로버트 이튼 회장은 자신이 주도하고 수용한 협상에서 어떻게 그렇게 힘을 못 쓰고 축출당하고 말았는가? 합병 협상 시 그의 자리를 보전할 수 있는 대책을 마련할 다른 방도는 없었다고 생각하는가?

❸ 기업이 카니발라이제이션의 위험에서 어떻게 자신을 보호할 수 있다고 생각하는가? 구체적인 방법을 제시하시오.

❹ 다임러크라이슬러의 경우 문화적 충돌 문제를 얼마든지 피할 수 있었다고 생각하는가? 가능했다면 그 방법은 무엇이었다고 생각하는가?

❺ 2000년에 재무상황이 악화되자 다임러 본사에서는 디터 제체를 크라이슬러의 미국인들 사이로 보냈다. 그가 디트로이트 크라이슬러에 도착한 첫날 한 일은 크라이슬러의 영업책임자를 해고한 것이었다. 어떻게 그렇게 신속한 결정을 내릴 수 있었는지, 그 결정의 당위성과 부당성에 대해서 설명해보시오.

❻ 정상적으로 가격을 할인해주는 제도보다 일시적인 리베이트 제공이 더 바람직한지 그 당위성에 대해 평가해보시오.

❼ 메르세데스의 부품이 크라이슬러의 자동차에 장착되는 경우, 그것이 메르세데스의 품위에 손상을 줄 것이라고 생각하는가? 혹은 그런 조처가 크라이슬러의 판매 및 위상 강화에 기여를 할 것이라고 생각하는가?

❽ 자동차산업이 그동안 누렸던 좋은 시절이 앞으로도 계속될 것이라고

생각하는가? 그렇다고 생각하면 그 이유를, 그렇지 않다고 생각하면 그 이유를 밝히시오.

그때 내가 그 자리에 있었다면

❶ 본인이 크라이슬러 측의 부품공급업체 중 하나라고 생각해보자. 새롭게 등장한 크라이슬러 경영진이 제품공급가를 즉시 5% 인하하고 향후 2년 안에 10% 더 인하하라는 요청을 해왔다. 이런 명령조의 요청을 받는다면 어떻게 하겠는가? 취할 수 있는 가능한 모든 대책을 다 세워보되, 그 대책을 수립한 이유를 상세하게 밝히시오.

❷ 본인은 이제 합병 전 크라이슬러의 최고경영자였으며 합병 후 유르겐 슈렘프와 함께 공동 회장직을 맡고 있는 로버트 이튼이다. 방금 당신은 이 회사는 더 이상 당신이 필요 없으며, 공동 회장직은 없어졌다는 통보를 받았다. 이런 통보를 받고 어떻게 대응하겠는가? 가능한 한 구체적인 대응책을 제시하시오.

❸ 본인은 미국 자동차노조의 위원장인 스티브 요키치이다. 본인은 디이터 제체가 2만 6,000명의 직원들을 해고하고 6개의 공장을 폐쇄하는 등 대규모 경비삭감정책을 시행하겠다고 발표했을 때, 그 계획에 지지를 보냈다. 이런 긴축정책이 크라이슬러를 구할 수 있을 것이라고 믿었기 때문이다. 그러나 많은 노조원들이 그런 임시 경비삭감정책에 반대하고 있다. 그들은 만일 당신이 제체의 의견에 동조하는 경우, 노조위원장 직에서 축출해버리겠다고 위협하고 있다. 이런 상황에서 어떻게 대처하겠는가? 그 방안에 대해서 논하시오.

그룹 토론을 해봅시다

❶이 사례에서 우리는 미국의 경영진을 독일 경영진으로 교체하고 나서 나타나는 여러 문제점을 보았다. 이런 교체가 바람직한지, 아니면 미국인 경영진을 그대로 두는 게 바람직한지 토론해보시오. 두 그룹으로 나누어, 독일에서 새로운 피를 수혈하는 것이 좋은지, 기존 경영진을 유지하는 것이 좋은지, 강력하게 상대를 공격하며 자신의 입장을 방어해보시오.

❷인수합병이 더 좋다는 입장과 전략적 제휴나 파트너십이 더 바람직하다는 입장으로 나누어 토론을 해보시오. 이 두 가지 서로 다른 방법에 대해서 구체적으로 연구를 한 다음, 어떤 상황, 어떤 규모, 그리고 어떤 기술적 차이가 있을 때 각각 인수합병이 더 바람직하고 전략적 제휴가 더 바람직한지 설명해보시오.

더 연구해봅시다

현재 다임러크라이슬러의 상황은 어떠한가?
다임러크라이슬러의 주가는 합병 전 수준으로 다시 상승했는가?
크라이슬러의 승용차와 트럭은 잃었던 시장을 다시 회복했는가?
유르겐 슈렘프는 아직도 회장으로 있는가?
디이터 제체는 아직도 크라이슬러의 경영을 책임지고 있는가?

6

마케팅 리서치가 최선의 결정을 보장해줄까?

– 코카콜라의 뉴 코크

- 계획 수립과 조사·연구가 최선의 결정을 보장해주지는 못한다
- 미각은 믿을 수 없는 선택 요소이다
- 전통적인 이미지를 변경할 때는 각별히 주의해야 한다
- 수요가 높은 상품에 대한 결정적인 변화에는 큰 위험이 따른다
- 현 상황을 포기하지 않고도 얼마든지 대대적인 변화를 추구할 수 있다
- 광고비에 많은 투자를 한다고 해서 성공이 보장되는 것은 아니다
- 군중심리가 작용될 수 있는 결정을 내릴 때는
  매스컴의 위력을 고려해야 한다

코카콜라의 이 사례에서 우리는 경영진이 내린 결정이 회사의 장래에 어떤 문제와 위기를 초래할 수 있는지 생생하게 살펴볼 수 있다. 매우 상세하고 방대하게 사전조사를 하고 계획을 수립했음에도 불구하고, 코카콜라가 수립한 계획과 결정은 대실패로 끝나고 말았다. 그러나 다행히도 코카콜라는 회사를 더 깊은 수렁으로 빠뜨렸을지도 모를 이 문제를 신속하게 해결하고 넘어갔다.

1985년 4월 23일, 코카콜라의 로베르토 고이수에타 회장은 매우 중대한 발표를 한다. 이 발표는 그 어느 회사가 발표한 결정보다 더 격렬한 토론과 저항, 그리고 반감을 불러일으킨다.

"이것은 회사가 내린 최상의 결정이다"라고 고이수에타 회장은 선언했다. 이 발표의 내용은 코카콜라가 그동안 고수했던 전통적인 맛을 버리고 조금 더 달짝지근한 맛의 '뉴 코크(New Coke)'를 생산하기로 했다는 내용이었다.

그러나 이 발표가 있고 난 지 채 석 달이 되지 않아 코카콜라 측은 대중의 압력에 굴복하여 그 결정은 대실수였다고 인정했고, 전통 코카콜라를 '코카콜라 클래식(Coca-Cola Classic)'이란 이름으로 재출시하겠다는 약속을 했다. 이와 같은 번복 결정이 내려진 것은 1985년 7월 11일의 일이었다. 무려 4백만 달러와 2년이라는 연구조사 기간을 거쳐 마련했던 코카콜라의 계획은 제품 변화에 대한 소비자들의 저항심리를 전혀 계산하지 못한, 말 그대로 계산착오였던 것이다. 그렇다면 그토록 규모가 크고 성공가도를 달리던 기업에서 어떻게 그런 실수를 범할 수 있었을까? 이것은 매우 흥미진진한 사례이면서 동시에 우리로 하여금 냉정하게 현실을 살펴볼 수 있는 좋은 기회를 주는 사례이다.

무엇보다 중요한 것은, 큰 실수에도 불구하고 이 사건은 해피엔딩으로 마무리되었다는 점이다.

코카콜라의 역사

코카콜라는 약사였다가 후에 남북전쟁 당시 남부연합 기마대의 장군으로까지 승진했던 존 스타이스 펨버튼에 의해서 발명되었다. 전쟁 후 펨버튼은 애틀랜타에 정착하여 트리플렉스 리버 필스(Triplex Liver Pills), 글로브 오브 플라워 코프 시럽(Globe of Flower Cough Syrup) 등의 약에 대한 특허를 따낸다. 1885년에 그는 신경 및 근육 자극제로 '프렌치 와인 코카(French Wine Coca)'라는 상표를 등록한다. 그리고 1886년에 그는 프렌치 와인 코카의 성분을 약간 변경하여 코카콜라라는 이름을 붙였고, 맥주병에 소다수와 이 성분을 넣은 새로운 음료를 개발했다. 그는 이 음료가 기분전환에 도움이 되기보다는 두통을 치료하는 등 약리효과가 있다고 보았고, 특히 과식하거나 과음한 사람들이 이 제품을 좋아할 것이라고 믿었다. 그런데 한 약사가 우연히 이 시럽을 탄산음료와 섞어서 마시면 그 맛이 더 좋아진다는 사실을 발견했다.

자신의 건강이 악화되고 코카콜라가 부채를 모두 갚을 만큼 충분한 수익을 내지 못하자, 펨버튼은 코카콜라에 대한 권리를 39세의 약사

아사 그릭스 캔들러에게 겨우 2,300달러를 받고 팔아넘겼다. 펨버튼은 1888년에 사망했는데, 그의 무덤은 그 후 70년이 지나서야 사람들의 관심을 끌기 시작했다.

1851년에 조지아주의 작은 시골 마을에서 태어난 캔들러는 처음에는 내과의사가 되려고 했으나, 약사가 의사보다 돈을 더 번다는 것을 알고 약사로 길을 바꾸었다. 코카콜라를 사들이기 전까지 그의 인생은 그저 그랬다. 그러나 (코카콜라를 구입하기로 한) 중대한 결정으로 그의 인생은 완전히 바뀌게 된다. 1892년에 캔들러는 코카콜라 컴퍼니(Coca-Cola Company)를 설립한다. 그리고 몇 년 후, 치료적인 성분을 강조하던 정책에서 벗어나 기분전환에 도움이 되는 면을 강조하는 정책으로 전환한다. 동시에 그는 새로운 코카콜라병을 개발했는데, 그 병은 오늘날까지도 존재하며, '코카' 하면 떠오르는 상징적인 병이 되었다. 캔들러는 25년 동안 코카콜라의 운명을 좌지우지했다.

로버트 우드러프와 코카콜라의 성숙기

1916년에 캔들러는 애틀랜타 시장에 출마하기 위해 코카콜라를 떠났다. 그는 회사를 친척들에게 맡겼는데, 친척들은 3년 후에 이 회사를 애틀랜타에 있는 한 사업가 그룹에게 2,500만 달러를 받고 팔아넘겼다. 그런데 캔들러는 이 사실을 모르고 있었고, 후에 이 사실을 알고 나서 미친 듯이 분개했다. 당시 코카콜라는 연간 5백만 달러라는 거액의 수익을 내고 있었는데, 친척들은 캔들러의 허락도 없이 코카콜라를 싼 값에 팔아넘겼던 것이다. 캔들러가 1929년에 사망할 당시 코카콜라의 연간 수익은 코카콜라 컴퍼니의 판매가인 2,500만 달러에 육박하게 되었다. 코카콜라를 인수한 사람은 어니스트 우드러프라는 애틀랜타의 은행가였다. 오늘날에도 코카콜라는 여전히 우드러프가의 지배를 받고 있다. 어니스트의 아들인 로버트 윈쉽 우드러프 대로 넘어가면서 코카콜라는 소규모 가족 경영 체제에서 벗어나 미국뿐 아니라 전세계 적으로 가장 인정받는 기업으로 성장하게 된다.

로버트 우드러프는 부유하고 풍요로운 가정에서 성장했다. 그러나 그는 개인적으로 노력하여 무엇인가를 이루는 것이 중요하다고 믿었다. 젊은 시절 그의 아버지는 그에게 에모리 대학(Emory College)으로 돌아와 학업을 마칠 것을 명령했는데, 그는 학교에서 3년을 '낭비'하기보다는 사회에서 경험을 쌓겠다고 우겼다. 그 후 1911년에 로버트는 조직이 개편된 아버지의 회사들 중 하나인 애틀랜틱 아이스 앤드 코울 컴퍼니(Atlantic Ice & Coal Company)에 영업 및 구매 담당 사원으로 입사한다. 그러나 아버지와의 사이에 격렬한 의견 충돌이 있은 후 로버트는 다시 아버지 곁을 떠난다. 그는 말이 이끄는 마차를 자동차로 대체하기 위해 화이트 자동차(White Motors)가 제작한 트럭을 몇 대 구입했는데, 아버지가 이 사실을 알고 분노한 것이다. 결국 아버지 어니스트는 아들을 해고하고 다시는 돌아오지 말라고 한다. 그 말을 들은 아들은 얼른 화이트 자동차에 입사한다. 그리고 33세의 나이에 미국 최고의 트럭 세일즈맨이 되어 연간 8만 5,000달러를 버는 부자가 된다. 그러자 그의 아버지는 그에게 돌아오라고 요청을 하고, 그는 이 부탁을 받아들인다.

1920년에 코카콜라는 부도의 위기에 처한다. 설탕을 잔뜩 구매해놓았는데 설탕 가격이 폭락을 했고, 그 결과 설탕 구입 등을 위해 빌려온 부채를 상환하지 못하게 되었기 때문이다. 게다가 보틀링업체들과의 관계도 좋지 않았다. 코카 측에서 한번 맺은 프랜차이즈 계약은 절대 변경하지 않겠다는 약속을 어기고 시럽가격을 인상하겠다고 보틀링업체들에 통보했기 때문이다. 1923년 4월에 로버트는 코카콜라의 사장에 임명되었고, 그 후 그는 코카콜라와 인연을 맺은 사람들을 모두 부자로 만들겠다는 자신의 신념을 강조하며 딜러들과의 관계 개선에 나섰다. 그는 품질관리 시스템을 도입하고 유통망도 대폭 확대해나갔다. 그리하여 1930년에 코카콜라는 29개국 64개 보틀러들과 계약을 맺게 된다.

제2차 세계대전 동안 코카는 미국 병사들을 따라다녔다. 우드러프는 회사가 손해를 보더라도 군복을 입은 사람들에게는 5센트에 코카콜라 한 병을 주라고 명령했다. 그 결과 1950년대, 60년대, 그리고 70년대 초까지 코카콜라는 소프트드링크 시장을 지배하게 된다. 펩시가 도전을 해오기는 했지만, 코카 두 병당 펩시 한 병 꼴로 팔리는 형편이었다. 물론 후에 이 상황은 변화한다.

중대 결정이 내려진 배경

1970년대와 80년대, 펩시의 도약

1970년대 중반에 거인 코카콜라는 뒤뚱거리게 되는데, 회사의 실적이 코카의 흔들림을 잘 반영해준다. 1976년~1979년 사이 코카콜라의 성장률은 연간 13% 수준에서 2% 수준으로 떨어졌다. 이렇게 거인 코카가 주춤거리는 동안 펩시콜라는 대약진을 시작한다. 펩시가 처음 내세운 전략은 '펩시 세대(Pepsi Generation)'였다. 이 캠페인은 이상주의와 젊음의 신선함을 추구하는 베이비붐 세대(1946년~1965년 사이에 태어난 사람들 - 역주)의 상상력을 사로잡는 데 성공했다. 젊음과 생동력을 연계시킨 펩시는 이 이미지로 대규모 소프트드링크 시장을 공략하여 성공을 거둔다.

그리고 나서 펩시가 내세운 것은 '펩시의 도전(Pepsi Challenge)' 캠페인이었는데, 이는 소비자들에게 시음 테스트를 행하는 것을 골자로 하고 있었다. 물론 시음회 결과 소비자들은 대부분 펩시를 선택했다. 이 캠페인 덕분에 펩시는 시장을 급속히 파고드는 데 성공하여, 펩시의 미국 내 소프트드링크 시장점유율은 6%에서 14%로 급상승했다.

펩시의 시음회에 자극을 받은 코카콜라 측도 자체 시음회를 준비한다. 그러나 불행히도 코카가 준비한 시음회에서도 고객들은 펩시를 선택한다. 시장점유율의 변화가 이런 소비자들의 입맛 변화를 잘 반영하고 있다. 아래 표 6-1을 보면, 1979년경에 코카의 시장점유율은 23.9%, 펩시의 점유율은 17.9%로, 펩시가 코카를 많이 따라잡은 것을 알 수 있다. 두 기업 간 시장점유율 차이는 1984년에 가서는 2.9%로 좁혀지는데, 일반 슈퍼마켓에서는 그 차이가 1.7%밖에 되지 않았다. 코카콜라의 입지는 점점 좁아지는 반면 펩시의 입지가 점점 넓어지는 현상은 코카 측이 실시한 마케팅조사에서도 확인되었다. 그 조사에 따르면 1972년에 소프트드링크 구매자들의 18%가 코카콜라만을 마시는 것으로 확인된 반면, 펩시만을 마시는 사람들은 겨우 4%에 지나지 않았었다. 그러나 10년 뒤에 상황은 완전히 바뀌어 코카만을 마신다는 사람들은 12%로 감소한 반면, 펩시만을 마신다는 사람들의 비율은 그와 비슷한 수준인 11%로 나타났다. 그래프 6-1은 이런 상황을 잘 보여준다.

표 6-1_ 코카와 펩시가 전체 소프트드링크 시장에서 차지하는 비율, 1950년대~1984년

	1950년대 중반	1975년 시장점유율	리드	1979년 시장점유율	리드	1984년 시장점유율	리드
코카	2대1 이상	24.2	6.8	23.9	6.0	21.7	2.9
펩시		17.4		17.9		18.8	

(단위 : %)

* 출처: Thomas Oliver, *The Real Coke, The Real Story* (New York: Random House, 1986), pp. 21, 50; "Two Cokes Really Are Better Than One—For Now," *Business Week* (September 9, 1985), p.38.

그래프 6-1_ 코카 대 펩시 : 한 가지 음료만을 마시는 소비자 비율

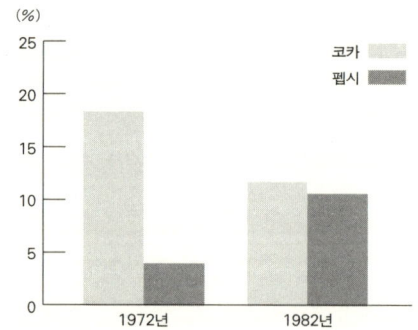

코카가 펩시보다 광고비를 무려 1억 달러나 더 들이면서도 경쟁력이 점점 떨어지고 있다는 사실은 코카 측에게는 참으로 걱정스러운 일이 아닐 수 없었고, 나아가 좌절감을 안겨주는 일이기까지 했다. 게다가 코카콜라는 펩시보다 자판기 수가 두 배나 많았고, 콜라에 사용되

는 광천수 숫자도 많았으며, 판매 공간도 더 넓었다. 물론 가격도 경쟁력이 있었다. 그럼에도 불구하고 코카가 시장을 잃어갔던 이유는 도대체 무엇이었을까?

수장의 교체

1980년, 코카콜라의 J. 폴 오스틴 회장의 퇴임이 가까워오고 있었다. 그의 자리를 코카콜라의 미국 그룹 사장인 도널드 커프가 이을 것이라고 모두들 기대하고 있었다. 그런데 갑자기 새로운 인물인 로베르토 고이수에타가 부상을 했다.

고이수에타의 배경은 코카콜라의 기존 경영인들이 지녔던 배경과는 전혀 달랐다. 그는 조지아주 출신도 아니었고, 미국 남부 출신조차도 아니었다. 그는 쿠바에서 부유한 하바나 설탕 플랜테이션 소유주의 아들로 태어났다. 16세에 고이수에타는 미국 코네티컷주에 있는 대학 준비 예비학교인 체셔 아카데미(Cheshire Academy)로 유학을 왔는데, 미국에 도착할 때만 해도 그는 영어를 거의 못하는 것이나 마찬가지였다. 그러나 사전을 외워가며 영어를 열심히 공부한 결과, 졸업식 때는 졸업생 대표로 고별사를 읽기까지 했다.

고이수에타는 1955년에 화학공학 학위를 받으며 예일대학을 졸업한다. 그리고 쿠바로 돌아간다. 그리고 아버지의 사업을 돕는 대신 그는 코카콜라 쿠바연구소로 들어간다.

고이수에타의 안락한 생활은 1959년에 피델 카스트로가 정권을 잡고 외국 회사들을 추방하면서 끝이 났다. 그는 그의 부인과 세 아이들을 데리고 단돈 20달러를 가지고 미국으로 건너왔다. 미국 코카콜라에서 그는 유능한 관리자로 이름을 날렸고, 그 결과 1968년에 본사로 발령을 받는다. 그리고 1980년에는 고이수에타를 포함한 일곱 명이 코카콜라의 부회장으로 발령이 났으며, 이들 일곱 명은 CEO 자리를 놓고 경쟁을 벌이게 된다.

코카콜라의 CEO로 일하고 있던 J. 폴 오스틴은 알츠하이머병에 걸려 자리에서 물러나게 되었는데, 그는 기업 운영에 깊이 관여했던 도널드 커프가 차기 최고경영자가 되기를 원했다. 그러나 오스틴의 결정은 번번이 로버트 우드러프의 견제를 받았다. 그러던 1980년 4월, 이사회는 고이수에타에 대한 사장 추천안을 승인한다. 그리고 1981년 3월, 고이수에타가 코카콜라의 회장이 되었을 때, 도널드 커프는 고이수에타의 뒤를 이어 드디어 사장 자리에 오른다.

사장으로 승진하고 얼마 되지 않아 고이수에타는 전세계 간부회의를 소집하여, 회사의 전통 가운데 어느 곳에도 성역은 없으며 회사가 변화해야 살 수 있고, 이 사실을 모든 간부들이 인지해야 한다는 것을 강조했다. 그는 소프트드링크의 영역을 넘어서는 사업다변화에 대한 야심 찬 계획도 발표했다.

기업 경영진이 변화의 필요성을 강조하는 상황에서 기존의 코카콜라맛을 지켜야 한다는 사명이나 약속은 그 의미가 퇴색되었고, 그리하여 99년 만에 처음으로 코카콜라의 맛이 바뀌는 기반이 마련된다.

마케팅 리서치

1970년대 후반과 1980년대 초, 코카 측의 엄청난 광고 공세와 우월한 유통기반에도 불구하고 코카콜라의 시장점유율이 하락하자, 코카콜라는 제품 자체에 문제가 있지 않나 의혹을 품게 된다. 그리고 코카콜라 시장점유율 하락의 유일하고 중대한 원인이 콜라맛에 있다는 증거들이 속속 나타난다. 그리하여 코카콜라의 오리지널 비밀 공식을 버릴 때가 되었다는 중론이 모아지고, 일명 캔자스 프로젝트(Project Kansas)라는 프로젝트가 마련된다.

캔자스 프로젝트의 일환으로 1982년에는 열 군데의 주요 시장에서 소비자들을 대상으로 2천 건의 인터뷰가 이루어졌는데, 질문 내용은 맛이 다른 코카가 출시될 경우 이를 받아들일 수 있는지에 대한 의견을 조사하는 데 초점이 맞춰졌다. 인터뷰에서는 응답 대상자들에게 여러 가지 스토리와 만화 스타일의 가상 광고를 보여주고 이에 대해 질문을 던졌다. 예를 들어 한 스토리에서는 코카콜라에 새로운 성분을 첨가하여 맛이 더 부드러워지는 것을 보여주었고, 다른 스토리에서는 펩시가 그렇게 되는 경우를 예로 들었다. 그리고 소비자들에게 이런 변화에 대한 반응을 물었다(예를 들어 "이 변화가 당혹스럽게 느껴지십니까?" "새로운 맛의 음료수를 마시겠습니까?" 등). 조사 결과, 평소 코카콜라를 마신다는 응답자의 10~12%가 당혹스럽다고 대답했고, 이들 중 절반은 당혹스럽지만 변화를 수용할 수 있다는 반응을 보인 반면, 나머지 절반은 절대 받아들일 수 없다는 반응을 보였다.

이 인터뷰 결과 소비자들은 새로운 코카를 마셔볼 용의가 있는 것으로 드러났지만, 또 다른 조사에서는 결과가 그 반대로 나타났다. 포커스 그룹(테스트할 상품에 대해 토의하는 소비자 그룹 - 역주)으로 모아 소비자들의 반응을 살펴보았을 때는, 새로운 코카에 대한 긍정적인 반응과 부정적인 반응이 동시에 강하게 나타났다. 이렇게 소비자들이 대조적이고 다양한 반응을 보이는 가운데, 코카콜라의 기술부서에서는 소비자들에게 더 큰 즐거움을 줄 새로운 콜라의 개발에 박차를 가하고 있었다.

그리하여 1984년 9월, 드디어 새로운 코카콜라가 탄생한다. 새롭게 개발된 이 코카콜라는 톡 쏘는 맛이 줄어든 대신 더 달콤하고 끈적끈적한 맛이 났는데, 그 이유는 과당보다 더 달콤한 옥수수 시럽 감미료를 사용하여 당 성분이 기존 콜라보다 훨씬 많아졌기 때문이었다. 이 새로운 콜라를 가지고 브랜드를 무엇인지 밝히지 않은 채 시음회가 개최되었는데, 시음회의 결과는 새로운 콜라 개발진에게 매우 고무적으로 나타났다. 시음회 결과, 펩시보다 코카를 선택한 사람들이 더 많았는데, 과거에는 이런 종류의 시음회가 열릴 때마다 코카가 펩시를 이긴 적이 단 한 번도 없었다.

이렇게 다양한 조사를 한 코카콜라 마케팅팀은 새로운 콜라를 도입하게 되면 적어도 시장점유율이 1%는 상승하게 될 것이라고 예측하게 된다. 1% 하면 우스워 보일 수 있지만, 콜라 시장의 경우 1%는 2억 달러의 매출을 의미한다.

새로운 콜라맛의 도입을 완전히 결정하기 전에 코카콜라는 역사상 가장 많은 수의 소비자들이 참가한 시음회를 개최한다. 무려 13개 도시에서 19만 1,000명이 시음회에 참가하여 무엇인지 이름을 밝히지 않은 다양한 코카콜라의 맛을 평가하게 된 것이다. 콜라의 이름을 밝히지 않은 것은 말 그대로 맛에 의해 평가받고 싶었기 때문이었다. 이 시음회 결과, 참가자의 50%가 기존 코카콜라맛 대신 뉴 코크(New Coke)를 선택했고, 펩시보다 새로운 코카를 선택한 사람들이 더 많았다. 이런 조사 결과에 힘입어 코카콜라 측은 새로운 맛의 코카콜라를 출시하기로 결론을 내린다.

새로운 코카 드디어 출시

새로운 맛의 코카콜라를 출시하기로 결정했지만, 이에 따라 내려져야 할 다른 구체적인 결정들이 많았다. 예를 들어 뉴 코크는 기존의 생산라인에 새로운 시설을 추가하여 생산해야 하는가? 아니면 기존 코크의 생산라인을 완전히 뉴 코크 생산라인으로 교체할 것인가? 등등. 경영진은 보틀러들이 기존 생산라인에 새로운 라인을 추가하는 데 반대의견을 보일 것이라고 생각했다. 그리하여 고민에 고민을 거듭한 끝에, 이사회에서는 만장일치로 기존의 코카를 시장에서 완전히 철수시키고 뉴 코크 한 가지 만을 생산하기로 결정을 내린다.

1985년 1월, 뉴 코크의 광고가 맥캔-에릭슨(McCann-Erickson) 광고회사에 맡겨지고, 뉴 코크를 소비자들에게 알리는 최초의 임무를 수행할 광고 모델로는 유명한 코미디언 빌 코스비가 선정된다. 이 광고는 4월에 소비자들에게 선보이기로 계획이 잡혔고, 코카콜라의 모든 부서는 새로운 코카콜라맛을 출시하기 위해서 모든 노력과 행동 조율에 들어간다.

드디어 1985년 4월 23일, 고이수에타와 커프는 새로운 코카를 세상에 소개하기 위한 기자회견을 뉴욕 링컨센터에서 개최한다. 미국 전역의 언론사에 초대장이 발송되었고, 약 200명의 신문사와 잡지사 기자들 및 TV 방송국 기자들이 기자회견장에 모였다. 그러나 회견 후 많은 기자들이 코카 측이 내세운 뉴 코크의 장점에 대해 수긍하지 못했으며, 이들의 반응은 대체로 부정적이었다. 당연히 그 다음에 나타난 언론의 보도에는 뉴 코크에 대한 부정적인 반응이 우세했다.

코카콜라의 변화에 대한 소문은 급속히 퍼져나갔다. 그리하여 기자회견이 있은 바로 다음날, 미국 전체 국민의 81%가 코카콜라의 맛이 바뀌었다는 사실을 알게 되었다. 이는 1969년에 닐 암스트롱이 달에 발을 디딘 것을 알았던 비율보다 훨씬 더 높은 비율이었다.[1] 뉴 코크에 대해 처음에 소비자들이 보인 반응은 긍정적이었다. 많은 사람들이 뉴 코크 맛을 보려고 시도했다. 그리고 반응은 대체로 좋았다. 보틀러들에게의 선적율은 5년 만에 최고 수준으로 상승했다. 결국 코카콜라가 내린 변화 결정은 성공적인 것처럼 보였다. 그러나 이런 흥분은 오래 가지 못했다.

결정 후의 악몽

상황은 급속히 반전되었다. 어느 정도의 반대는 예상되었지만, 거부반응이 그토록 급속도로 번져나갈 것이라고는 어느 누구도 예측하지 못했다. 뉴 코크 출시에 대한 발표가 있은 지 불과 4시간 동안 코카콜라는 650통의 항의전화를 받았다. 그리고 5월 중반에 접어들자 항의전화를 해오는 사람의 수가 하루에 5천 명이 넘었다. 물론 분노로 가득 찬 편지들은 계속 날아오고 있었다. 코카콜라는 항의전화를 소화하기 위해 추가 전화라인을 개설하고 직원들을 추가로 고용하여 이에 응답하게 했다. 항의하는 사람들이 주로 하는 얘기는, 코카콜라는 미국의 상징이었고 미국인의 친구였는데, 갑자기 친구에게 배신을 당한 느낌이 든다는 것이었다. 일부 소비자들은 콜라는 그만 마시고 대신 차나 물을 마시겠다고 위협을 해왔다. 여기서 소비자들이 보인 반응 몇 가지를 잠깐 살펴보기로 하자.[2]

내가 지금 슬픈 이유는 다시는 진짜 코카콜라를 마실 수 없다는 사실 때문이다. 그리고 내 손자들과 증손자 등 내 후손들이 진짜 코카콜라맛을 영원히 볼 수 없을 것이라는 사실이 나를 더 슬프게 한다.

정말 생각만 해도 끔찍하다! 그런 콜라에 코크라는 이름을 붙이다니, 코카콜라 회사는 부끄러운 줄 알아야 한다. 새로 나타난 콜라의 맛은 펩시보다도 못하다.

나는 코카 너를 알고 지낸 걸 정말 기쁘게 생각한다. 코카콜라 너는 35년 동안 나의 가장 친한 친구였다. 그런데 어제 나는 새로운 코카콜라맛을 보았다. 진실을 말하자면, 나는 이제 차라리 펩시를 마시겠다. 앞으로 콜라를 주문할 때는 반드시 코카가 아닌 펩시를 주문할 것이다.

그해 봄과 여름에 코카콜라가 소비자들로부터 받은 편지는 4만 통이 넘었다. 자신들을 '미국의 오랜 코카 애음가(Old Coke Drinkers of

America)'라는 시애틀의 코카콜라 골수분자들은 허락 없이 맛을 바꾼 코카콜라를 고소할 준비까지 하고 있었다. 한편 일부에서는 기존의 코카콜라를 사재기하는 현상이 나타났으며, 일부는 비싼 차익금을 받고 이 코카를 다시 팔아넘겨 이익을 남겼다. 그리고 6월 들어 매출이 예상보다 증가하지 않자 보틀러들은 기존 코카를 다시 출시해줄 것을 코카콜라 측에 요청한다.

회사에서 조사를 한 결과에서도 소비자들의 분노와 부정적인 반응은 더욱 확산되고 있는 것으로 드러났다. 6월에 실시한 소비자 여론조사 결과에서는 절반이 넘는 응답자들이 뉴 코크 맛을 좋아하지 않는다는 답변을 했다. 그러나 7월에 실시한 여론조사에서는 응답자의 70%가 뉴 코크 맛을 좋아하지 않는다는 반응을 보였다.

이러는 사이 국민들의 분노는 점점 커져갔고, 언론사들은 이런 분노를 뒤에서 부추겼다. 99년의 역사를 가진 음료수의 맛은 어느새 미국인들의 자부심이 되어 있었던 것이다. 캔자스대학의 로버트 안토니오 사회학 교수가 지적했듯이, "일부 국민들은 신성한 미국의 상징이 훼손당했다"는 느낌까지 가졌다.[3] 심지어 고이수에타 회장의 아버지마저 콜라맛을 바꾸는 것에 반대했으며, 결정이 내려진 후에는 그 결정을 철회하지 않으면 부자관계를 끊겠다고 위협하기까지 했다. 이제 코카콜라의 경영진은 소비자들이 코카콜라에 대해 불매운동을 하지 않을까 우려하기 시작했다.

코카콜라 드디어 실수 인정

코카콜라의 경영진은 심각하게 코카의 미래에 대해 다시 생각하기 시작했다. 임원회의에서 경영진은 우선 휴일인 7월 4일 주말이 지나고 매출 결산을 해볼 때까지 주요 결정을 미루기로 했다. 실적은 예상대로 저조했다. 그리하여 코카콜라 경영진은 기존 코카콜라를 코카콜라 클래식(Coca-Cola Classic)이라는 이름 하에 다시 소비자들 곁으로 복귀시키기로 결정한다. 그리고 새롭게 개발한 코카콜라는 뉴 코크라는 이름으로 계속해서 생산·판매하기로 결정을 내린다. 7월 11일, 코카콜라의 경영진은 코카콜라 로고가 새겨진 무대 위로 올라가 대중들에게 실수에 대해 사과를 하고, 코카콜라 측의 새로운 결정사항을 발표한다. 그러나 그들은 새로운 맛의 코카를 출시한 것이 완전한 실수였다고는 인정하지 않았다.

7월 11일 발표에서 코카콜라 측이 소비자들에게 전달한 메시지는 두 가지였다. 하나는 새롭게 개발된 코카를 마시고 이를 좋아해준 고객들에게 감사한다는 것이었고, 두 번째는 기존의 코카콜라맛을 잊지 못하는 고객들에게 "우리는 결국 고객의 의견에 귀를 기울여 오리지널 코카콜라를 다시 출시하기로 했다"는 것이었다.

이 뉴스는 급속히 퍼져나갔다. ABC 방송국은 매주 수요일 오후에 내보내던 연속극 〈종합병원(General Hospital)〉의 방송을 중단하고 이 소식을 긴급 뉴스로 내보냈다. 방송을 중단하는 일은 긴급한 재난이나 외교적 위기가 발생하는 경우에만 이루어지는 것인데, ABC 방송국뿐 아니라 다른 모든 방송국도 오리지널 코카가 돌아온다는 소식을 톱뉴스로 보도했다. 소프트드링크를 좋아하는 소비자들은 모두 이 소식을 반겼다. 아칸소주의 데이비드 프라이어 민주당 상원의원은 상원의회장에서 기쁨을 표시했다. "미국 역사상 매우 의미 있는 순간이다.

이번 일은, 주요 기업들이라도 국민의 뜻을 어기면서 변화를 추구할 수는 없다는 것을 잘 보여주고 있다."[4] 심지어 월스트리트도 기쁨을 함께 나누었는데, 오리지널 코카콜라가 돌아온다는 발표에 힘입어 코카콜라의 주가는 12년 만에 최고치를 기록했다.

한편, 펩시콜라사의 로저 엔리코 사장은 "이것은 80년대에 가장 주목할 만한 대실수였다. 코카는 이제야 레몬을 손에 쥐고 레모네이드를 제대로 만들 모양이다"라고 말했다.[5] 언론들이나 경제전문가들은 코카의 맛을 변경하기로 했던 이 결정을 "1980년대 최고의 실수"라고 표현하고 있다.[6]

문제의 원인은 무엇이었을까?

미국 전체를 들썩거리게 하고 코카콜라에게 심각한 위기를 초래했던 이 문제의 원인은 그렇다면 어디에 있었을까? 제일 큰 원인은 아무래도 마케팅 리서치에 있었다고 볼 수 있다. 코카콜라는 4백만 달러와 2년이라는 긴 시간에 걸쳐 마케팅 리서치를 했다. 이 기간 동안 연구대상이 되었던 소비자들의 수만 해도 약 20만 명이나 된다. 물론 시장조사를 했다는 것 자체가 문제가 되지는 않는다. 그러나 자세히 살펴보면 시장조사 및 분석방법에 결함이 있었음을 알 수 있다.

결함 있는 마케팅 리서치

코카콜라가 행한 시장조사의 가장 큰 축은 소비자들을 대상으로 시음회를 개최하는 것이었다. 여러 가지 맛 중에서 소비자들이 좋아하는 맛을 골라내기 위해 시장조사팀이 선택한 방법은 새로운 맛의 코카콜라를 포함해서 오리지널 코카, 그리고 펩시의 브랜드 이름을 감추고 소비자들에게 시음하도록 한 방법이었다. 이런 시음회 결과 주로 펩시를 마신다는 소비자들 가운데에서도 새롭게 개발된 코카를 선택한 사람들이 꽤 많았을 정도로 새로운 코카에 대한 반응은 긍정적이었다. 바로 이 결과를 믿고 경영진은 '고우(Go)' 사인을 내린 것이다.

그러나 여러 가지 장점이 있는 이 마케팅 리서치를 자세히 살펴보면 리서치 자체에 결함이 있다는 사실을 알 수 있다. 조금만 잘 살펴봤더라면 결함을 미리 발견할 수도 있었을 것이다. 우선, 코카콜라 측은 시음회에 참석한 소비자들에게 한 가지 콜라를 선택할 경우 다른 콜라를 다시는 못 마실 수도 있다는 사실을 통보하지 않았다. 이것은 후에 중대한 실수로 밝혀진다. 그런 점에서 기존의 제품을 시장에서 완전히 철수하기로 결정하기보다는 골수 코카콜라 팬들을 위해서 기존 생산라인에 새로운 생산라인을 추가하는 결정을 내리는 편이 더 옳았다.

또한 20만 명의 소비자들을 대상으로 3~4가지 콜라맛 중에서 한 가지를 고르는 테스트를 했지만, 실제 시판된 뉴 코크를 시음회에서 마셔본 소비자들은 3~4만 명에 지나지 않았다. 리서치에 사용된 콜라는 시판된 콜라보다 더 신선하고 더 달콤했던 것이다. 일반적으로 브랜드를 감추고 시음회를 하는 경우, 소비자들은 좀더 달콤한 맛에 손을 들어주는 경향이 있다. 특히 젊은층은 달콤한 콜라맛을 선호하는데, 바

6. 마케팅 리서치가 최선의 결정을 보장해줄까? 185

로 이런 이유 때문에 코카보다 더 달콤한 맛을 지닌 펩시가 지난 몇 년 동안 급성장할 수 있었던 것이다. 문제는 처음에는 달콤한 맛을 선호하는 성향이 시간이 흐르면서 약해진다는 데에 있다.[7]

코카콜라 측은 조사에서 소비자들에게 변화를 받아들일 수 있는지, 그리고 만일 변화할 경우 같은 양의 콜라를 계속 마실지를 질문했다. 그러나 그런 질문만으로는 소비자들이 특정 제품에 대해 가지고 있는 느낌이나 애착을 포착하거나 증명할 수가 없다. 이렇게 리서치방법이나 분석방법에 결함이 있었는데, 이 결과만을 믿고 코카 경영진이 중대한 결정을 내렸기 때문에 큰 위기에 처하게 된 것이다.

코카콜라의 상징적인 가치

코카콜라 측의 또 다른 실수는 코카콜라가 지니는 상징적인 가치를 무시했다는 점이다. 코카콜라 측은 코카가 미국인들에게 주는 상징적 의미를 파악하고 마케팅 리서치에 이런 점을 반영했어야 옳다. 소비자들에게 특정 브랜드나 맛이 주는 가치가 얼마나 큰지, 그 가치가 얼마나 계속될지, 그 상징적인 맛을 새로운 맛으로 바꿀 경우 초래될 가치관의 혼란의 정도는 얼마나 될지 등을 파악할 수 있도록 리서치를 했어야 했다.

리서치를 하는 경우, 상징적 가치나 감정적 애착을 무시하고 모호하게 조사를 계획하는 경우가 많다. 그러나 오른쪽 Information Box의 '의미적 편차' 편에서 살펴보겠듯이, 조사를 할 때는 소비자들의 감정적 애착 정도나 특정 가치에 부가하는 중요도를 상세히 측정·평가하여 반영해야 한다.

태도의 측정 - 의미적 편차

소비자들의 태도에 관해서나 이미지에 대해서 연구할 때, 그리고 어떤 계획을 구상할 때, 의미적 편차(semantic differential)는 매우 중요한 도구로 사용될 수 있다. 정치적 이슈, 개인이나 예술 작품의 평가, 브랜드나 특정 상품의 마케팅, 또는 기업 자체에 대한 마케팅 등에 있어서, 어떤 개념이 사람들에게 어떻게 받아들여지는지를 평가하고 측정하기 위해 개발된 방법이 바로 의미적 편차 방법이다. 처음 개발되었을 때 이 방법은 서로 반대되는 감정을 묘사한 형용사들을 7단계로 나누어 응답자들의 감정을 평가하는 것이었다. 예를 들어 다음과 같은 식이었다.

좋다 ── ── ── ── ── ── 나쁘다

이 조사에 사용되는 표현들은 '정말 좋다'나 '정말 나쁘다' 등의 극단적인 표현에서부터 이를 어느 정도 완곡하게 표현한 것까지 다양한데, 이 표현들을 통하여 일반 대중들이 특정 제품이나 가치에 대해 갖고 있는 느낌을 평가할 수 있다.

이 도구는 시간이 흐르면서 점차 더 구체적인 표현을 사용하며 발전되어갔다. 다음 표현들은 특정 브랜드 맥주의 이미지를 결정하기 위해 사용되었던 양분적인 표현이다.

뭔가 특별하다 ── ── ── ── 다른 맥주와 비슷하다
미국적인 맛이다 ── ── ── ── 이국적인 맛이다
기운이 팍 돋게 한다 ── ── ── ── 별로 기운이 나지 않는다

이처럼 특정 제품이나 브랜드를 서로 상반되는 단어로 표현할 때, 그 표현은 많으면 50쌍 정도까지도 될 수 있다. 물론 특정 연구가 얼마나 적절하고 융통성이 있느냐는 어떤 단어나 문장을 찾아 넣느냐에 달려 있다.

의미적 편차 방식은 특정 상품, 브랜드, 회사, 그리고 매장의 이미지가 경쟁사의 이미지에 비해 어떤지를 비교·평가하는 데 사용되어왔다. 응답자들의 답변은 평균을 내어 아래의 서로 다른 브랜드의 맥주 평가에서 볼 수 있듯이 4개 스케일로 나누어 평가될 수 있다. (특정 회사를 주제로 하는 경우 스케일이 20개 이상도 나올 수 있다).

아래 그림에서 브랜드 A는 4개의 카테고리 중 3개에서 경쟁 브랜드보다 우월한 위치에 서 있는 것으로 드러난다. 그러나 가격에 있어서는 소비자들이 부정적인 감정을 지니고 있는 것을 알 수 있는데, 그런 점에서 이 브랜드는 가격을 조정할 필요가 있다고 볼 수 있다. 한편 브랜드 C는 소비자들에게 부정적인 이미지를 준 것으로 확인되는데, 특히 제품의 신뢰도에 있어서 좋은 점수를 받지 못한 것을 알 수 있다. 구식이라는 이미지는 소비자들이 추구하는 가치에 따라서 긍정적으로 평가될 수도 있고, 부정적으로 평가될 수도 있다. 중요한 것은 브랜드 C가 다른 두 브랜드에 비해서 소비자들에 색다르게 각인되어 있다는 사실이다. 반면 브랜드 B는 다른 두 브랜드에 비해서 소비자들에게 긍정적인 방향으로나 부정적인 방향으로나 뚜렷하게 각인되어 있지 못하다. 이런 점에서 브랜드 B가 장래에 성공하려면 새로운 이미지 각인 캠페인이 필요하다. 아니면 가격을 인하하여 경쟁우위를 갖는 방법도 있다.

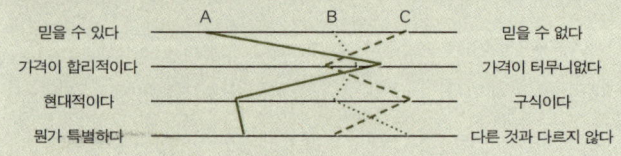

믿을 수 있다   A   B   C   믿을 수 없다
가격이 합리적이다   가격이 터무니없다
현대적이다   구식이다
뭔가 특별하다   다른 것과 다르지 않다

준비하기도 쉽고 분석도 간단한 의미적 편차 방법은 경쟁업체들이 아직 파고들지 못한 부분에서 새롭게 개발되어야 할 부분은 없는지, 어디에서 그런 기회를 찾을 수 있는지를 확인하는 매우 좋은 방법이다. 이 방법은 코카콜라와 같이 이미 확실하게 자리를 잡은 기업에게도 특정 상품에 대한 소비자들의 감정 및 애착 정도를 파악할 수 있는 유용한 도구라고 할 수 있다. 또한 광고 테마를 변경한다든가 하는 기획 단계에서 그 효과를 평가할 수 있는 중요한 도구가 된다. 의미적 편차는 어떤 일을 수행하기 전과 후에 이루어질 수 있으며, 이에 따라 어떤 변화가 장래에 어떤 기회나 위기를 가져다줄지 평가하는 귀중한 도구로 사용될 수 있다.

think about this

위에서 살펴본 세 개의 맥주 브랜드 중에서 브랜드 B의 브랜드 이미지 구축을 위해서 당신이라면 어떤 시도를 하겠는가? 어떻게 하면 성공할 수 있다고 생각하는가?

군중심리

인간에게는 본능적으로 군중심리가 있다. 다시 말해, 다수가 어떤 의견, 슬로건, 개념을 따라가면 '자신도 그 무리에 합류하려는' 심리가 있는 것이다. 사실 새롭게 개발된 뉴 코크에 대한 반응은 처음에는 대체로 만족스러웠다. 그러나 시간이 흐르면서 오랜 전통을 배반했다(코카는 어머니, 애플파이, 또는 국기처럼 미국의 상징이 되어 있었다)는 생각에 소비자들의 분노가 거세지자, 언론은 이런 분노를 부추기는 데 앞장섰다. 그리고 여론은 처음에 보였던 긍정적인 태도를 바꾸어 가치를 변화시키려는 코카콜라의 시도에 반대하는 무리에 합류한다. 모두 군중심리를 따르게 된 것이다. 1985년 여름, 코카콜라는 이런 분위기를 뒤엎는다는 것이 불가능하다는 사실을 파악한다. 그렇다면 그 상황에서 코카가 할 수 있는 일은 무엇이었을까? 위험을 무릅쓰고 흐름을 역류할 것인가? 아니면 그런 저항운동이 언제 그 절정에 이를지 지켜볼 것인가?

그런데 코카 측은 일반 군중의 이런 저항운동을 미리 예측할 수는 없었을까? 그 정도 규모까지는 아니더라도, 어느 정도는 예측하고 있었을지 모른다. 그러나 '어느 정도'에 그치지 말고 조금 더 상세하고 조심스럽게 최악의 시나리오를 준비했어야 하지 않을까? 그랬더라면 소비자들의 저항운동에 신속하게 대처할 수도 있었을 것이다.

Information Box

긴급 상황에 대한 대비책

계획을 수립할 때는 예산을 어떻게 사용할 것인가 하는 재원분배계획도 함께 수립한다. 재원은 인건비와 시설유지비에 골고루 분배되어야 하는데, 특별 작전 시에는 얼마나 많은 인력이 투입되어야 하며 계획된 목표에 달성하기 위해서는 얼마만한 자금과 시설이 필요한지 등이 사전에 평가되어야 한다. 물론 이렇게 재원분배계획을 수립하기 위해서는 기업 내·외적으로 있을 변화 상황에 대한 예측과 평가가 이루어져야 한다. 새로운 콜라맛을 도입하는 것과 같은 대형 프로젝트를 준비하는 경우에는 막대한 재원이 투입되는데, 이런 계획의 성공여부는 미리 수립되었던 예측과 평가가 얼마나 정확했느냐에 달려 있다. 실제로 계획이 진행됨에 따라 계획수립단계에서 제시되었던 가정이 지나치게 낙관적이었거나 지나치게 비관적이었던 것으로 나타나면, 이에 따라 계획과 재원분배는 수정을 거치게 된다.

긴급상황에 대한 대비책은 신상품을 출시하거나 새로운 프로젝트를 시행할 때 요긴하게 사용될 수 있다. 여러 다른 시나리오들을 마련해놓거나, 여러 다른 조건에 맞는 배경을 설정해놓은 다음 이에 맞는 다양한 계획을 수립하면 된다. 예를 들어 계획 A는 신상품이 어느 정도 수준까지 받아들여졌을 때, 계획 B는 예상보다 좋은 상황이 발생했을 때, 그리고 계획 C는 일찍부터 예상보다 실적이 저조할 때 적용할 수 있다. 미리 그렇게 상세하게 계획을 수립해놓으면 기업은 어떤 결과가 나와도 쉽게 대처할 수 있을 것이며, 추가로 재원을 확보하거나 반대로 예산을 삭감하는 일도 쉽게 처리할 수 있다.

만일 코카콜라 측도 긴급상황에 대한 대비책을 사전에 수립해놓았다면 신상품에 대한 소비자들의 대대적인 저항에 신속하고 효율적으로 대처할 수 있었을 것이다. 예를 들어서 소비자들이 신상품을 전혀 받아들이지 않을 때, 그리고 신상품에 대해 저항캠페인을 벌일 때 등의 최악의 상황을 비롯하여 다양한 수준의 대비책을 미리 수립해놓았다면, 예상치 못한 상황에 쉽게 대처할 수 있었을 것이다. 물론 코카콜라의 경우 위기상황을 신속하게 수습한 편이었고, 결과 또한 만족스러운 편이었다. 그러나 상황을 항상 낙관할 수만은 없다. 위기가 발생한 후 신속한 결정을 내리는 것도 좋지만, 그보다는 사전에 세심하고 사려 깊은 대안을 미리 찾아놓는 편이 훨씬 더 좋다.

결론

계획 수립과 조사 · 연구가
최선의 결정을 보장해주지는 못한다

대부분의 결정은 앞날의 상황이 확실하지 않은 상황에서 내려진다. 사실 사업환경은 항상 변화하고, 경쟁기업들이 어떤 행동을 보일지는 예측하기 쉽지 않다. 게다가 소비자들의 취향도 늘 변하며, 소비자들의 행동은 논리적이지 않을 때가 많다. 신중한 경영진은 이런 모든 점을 고려하여 사전에 세심한 계획을 수립하고 심도 깊은 연구와 조사를 하여 불확실성을 최대한 줄이려고 노력한다.

그러나 코카콜라의 사례는 그렇게 노력을 하더라도 잘못된 결정이 내려질 수 있다는 사실을 보여준다. 소비자들이 전통적인 이미지에 그토록 집착할지 그 누가 짐작할 수 있었을 것이며, 소비자들의 감정적 동요를 매스컴에서 그토록 강력하게 부추길 것이라고 누가 예측할 수 있었겠는가? 물론 코카콜라 측에서 좀더 세심하게 계획을 세우고 연구를 했더라면 좋았을 것이라는 결론을 도출할 수 있다. 제대로 준비되지 못한 데이터에 근거해서 내려진 결정에는 결함이 있을 수밖에 없기 때문이다.

그러나 아무리 세심하게 계획을 세우고 연구와 조사를 철저하게 한다고 해도, 그 후에 내려진 결정이 제대로 된 결정이거나 최상의 결정이라고는 보장할 수 없다. 다만 준비를 철저히 하다 보면 아무래도 '베팅 확률'을 높일 수는 있을 것이다. 다시 말해 성공적인 결정을 내릴 확률을 높일 수 있다는 것이다. 하지만 모든 것이 불확실한 상황에서 결정을 내리기란 쉽지 않다. 그렇기 때문에 잘못된 결정을 내릴 확률보다는 좋은 결정을 내릴 확률을 높일 수 있도록 노력하는 것 외에는 다른 방법이 없는 것이다.

미각은 믿을 수 없는 선택 요소이다

미각 테스트는 마케팅 리서치에서 흔히 사용하는 방법인데, 일부 마케터들은 이 방법의 효율성에 대해서 회의적인 태도를 보이고 있다. 예를 들어 맥주 시음의 경우를 생각해보자. 맥주 브랜드가 감춰진 상태에서 3~4가지 종류의 맥주를 시음한 다음 하나도 틀리지 않고 어떤 브랜드인지를 가려낼 수 있다고 주장하는 사람들이 있기는 하다. 하지만 사람들은 시음회에서 좀더 달콤한 맛에 손을 들어주는 경향이 있다. 그렇다면 실제로 상품이 출시되었을 때도 소비자들은 달콤한 맛의 상품을 더 선호할까? 실제로 그런 경우는 드물다. 맛의 차이가 극심하지 않은 한 실제 구매행위에서 소비자들의 취향은 이 상품 저 상품으로 왔다갔다한다. 그렇기 때문에 시음회에서 나온 결과에 의존하는 연구와 그에 따른 결정은 실수로 판명되기 쉽다.

브랜드 이미지는 매출을 촉진시키는 강력한 수단이 된다. 많은 기업들이 광고에서 '맛이 훨씬 좋다' 등의 문구를 사용하기보다는, 자사 브랜드에 대해 바람직한 이미지나 인격을 부여함으로써, 또는 사람들이 닮고 싶어하는 모델을 기용함으로써 성공을 거두었다는 사실을 우리는 잘 알고 있다.

전통적인 이미지를 변경할 때는 각별히 주의해야 한다

사실 100년이란 전통을 가진 브랜드를 찾기는 쉽지 않다. 25년, 아니 10년 전통의 브랜드도 찾기 쉽지 않은 형편이다. 대부분의 상품들은 생각보다 수명이 짧다. 사실 코카콜라처럼 오랫동안 소비자들의 사랑을 받으며 사회적 가치와 문화의 일부로 자리 잡은 상품은 없다.

코카콜라맛의 변화에 대한 소비자들의 대대적인 저항운동은 우리에게 소비자들의 심리를 일깨워준다. 모든 것이 급속하게 변화하는 세상에서 많은 사람들은 그들의 일상에서 어느 하나는 변하지 않고 그들 곁에 계속 존재하기를—그것이 비록 콜라의 맛이라고 할지라도—원한다. 어쩌면 많은 사람들은 지겨운 일상에서 탈피할 수단으로 이 저항운동을 이용했을지도 모른다. 자신이나 사회에 피해가 가지 않는 범위에서 대대적인 저항운동에 참여함으로써 결국 대기업이 "아이구머니나!" 하면서 손을 드는 모습에 통쾌해했을지 모른다.

사실, 뉴 코크가 도입되고 나서 콜라맛이 변했다는 사실을 실제로 알아차린 사람들이 얼마나 되는지는 알 수 없다. 실제로는 맛이 변화한 사실을 잘 모르고 있었는데, 광고에서 하도 "뉴(New)!"라고 강조를 하니 뒤늦게 그 사실을 알아차린 것일 수도 있다.

그렇다면 기업은 과연 소비자들이 전통이라고 여기는 것을 훼손시킬 수 있을까? 그 변화가 신속하게 이루어져서 소비자들이 반응을 보일 시간적 여지를 주지 않는 한 불가능하다. 코카콜라처럼 특별한 이미지를 가진 상품일 경우에는 특히 불가능하다.

수요가 높은 상품에 대한
결정적인 변화에는 큰 위험이 따른다

지금까지 보아온 바에 따르면, 문제가 생겼을 때 그에 대한 대응책으로 '변화'가 제시되었을 경우, 그 변화는 성공을 거둘 수 있다. 변화의 필요성이 인식되고, 그 변화가 신속하게 실행에 옮겨져 어느 누구도 그 변화에 시비를 걸지 않을 때 그 변화의 효과는 크다. 물론 변화에 대한 어떤 뚜렷한 원칙이 있는 것은 아니다.

사실 1985년 초에 코카의 상황은 여러 가지로 좋지 않았다. 코카는 그동안 완벽하게 지배해왔던 시장을 몇 년째 계속해서 조금씩 펩시에게 내주고 있었다. 펩시 측이 마이클 잭슨을 모델로 하여 적극적인 판촉을 함에 따라 1984년에 보통 사이즈 펩시의 시장점유율은 1.5% 상승한 반면, 보통 사이즈 코카는 시장점유율이 1% 떨어졌다. 게다가 보통 사이즈 코카는 슈퍼마켓에서 경쟁력을 잃으면서 1981년~1985년 사이에 판매가 4% 하락했다. 코카콜라 소프트드링크 매출의 62%를 차지

하는 해외영업 실적도 성장률이 실망스럽기 그지없었다.[8]

　이런 코카가 어떻게 변화를 추구하고 싶지 않았겠는가? 변화를 추구하되 맛의 변화가 특히 필요했는데, 소프트드링크 시장의 주요 고객인 젊은층의 입맛에 맞추어 변화를 할 수 밖에 없었다. 물론 이 사례를 살펴보면서 '보트를 흔들지 마라' 아니면 '확실할 때까지는 그 어느 것도 변화시키지 마라' 등 보수적인 입장을 강조할 의도는 절대 없다. 다만 여기에서 강조하고 싶은 점은 코카에게는 다른 선택의 여지가 있었다는 점이다.

현 상황을 포기하지 않고도 얼마든지 대대적인 변화를 추구할 수 있다

코카가 할 수 있는 최선의 대안은 새로운 코카콜라를 시장에 출시하되, 기존의 맛도 함께 보존하는 것이었다. 여기에서 얻을 수 있는 가장 중요한 교훈은 '너 자신이 걸고 있는 다리를 태우지 마라'이다. 물론 로베르토 고이수에타 회장은 몇 개월 동안의 혼란을 겪은 후 오리지널 코카콜라를 시장에 복귀시켰다. 그러나 그동안 회사가 겪은 당혹감이나 위기감은 이루 말할 수 없이 컸다. 물론 두 제품을 동시에 생산하면 쌓아놓을 공간이 충분치 못해 딜러들이 불평을 할 것이고, 두 가지 콜라를 동시에 생산·관리하기 힘든 보틀러업체들도 불만을 토로할 것이다. 또한 두 개의 코카콜라가 서로 경쟁하는 경우, 어부지리로 펩시가 넘버 원 소프트드링크로 부상될 가능성도 있었기 때문에 하나의 콜라라는 안을 선택했을 것이다.

광고비에 많은 투자를 한다고 해서
성공이 보장되는 것은 아니다

코카콜라는 펩시콜라보다 광고비를 무려 1억 달러나 더 쏟아부었다. 그러나 1970년대와 80년대 초에 코카가 유지하던 경쟁적인 위치는 점점 무너지며 펩시에게 조금씩 시장을 내주고 있었다. 펩시는 '펩시 세대', '펩시의 도전' 등의 캠페인으로 젊은 소비자들을 사로잡는 데 성공했다. 마이클 잭슨 같은 슈퍼스타를 모델로 기용한 펩시는 빌 코스비 같은 모델을 고용한 코카보다 젊은층 시장을 쉽게 확보할 수밖에 없었다. 그 결과 코카의 경영진은 광고에 엄청난 돈을 쏟아 붓는다고 해서 성공을 거둔다는 보장은 없다는 사실을 깨닫게 되었다. 펩시의 경우는 작은 기업도 얼마든지 큰 라이벌을 위협할 수 있다는 것을 보여주는 좋은 사례라고 할 수 있다.

군중심리가 작용될 수 있는 결정을 내릴 때는
매스컴의 위력을 고려해야 한다

언론은 방송매체이든 인쇄매체이든 간에 여론 조성에 강력한 영향을 미친다. 뉴 코크 도입의 경우, 언론은 소비자들의 저항운동에 대해 대대적으로 보도하면서 군중심리를 계속 부추겼다. 그 사건은 좋은 뉴스감이었기 때문이다. 특히 어떤 기관이나 개인이 비난받을 경우, 그에 대한 뉴스는 대중의 눈길을 끈다. 언론의 힘은 최고경영진의 목숨을 왔다갔다하게 만들 수 있다. 그런 점에서 기업의 대중적 이미지에 영향을 미칠 수도 있는 결정을 내릴 경우에는 언론의 힘을 특히 의식해야 한다.

그 후 상황

여론에 밀려 두 종류의 콜라를 모두 생산하는 전략을 채택했던 코카콜라 측은 판매실적을 보고 안심했다. 1985년 10월, 코크 클래식(Coke Classic)은 미국에서 2대 1 비율로 뉴 코크를 앞섰으며, 일부 시장에서는 그 비율이 9대 1까지 되었다. 맥도날드(McDonald's), 하디스(Hardees), 로이 로저스(Roy Rogers), 레드 랍스터(Red Lobster) 등 레스토랑 체인들도 모두 코크 클래식으로 돌아왔다.

1985년도 결산 결과, 코카콜라는 모든 분야에서 매출은 10% 상승했고 수익은 9% 상승했다. 코카콜라의 소프트드링크만 보면 미국에서는 판매량이 9% 증가했으며 국제적으로는 10% 증가했다. 반면 소프트드링크 분야 수익은 약간 감소했는데, 그 이유는 뉴 코크 출시 및 코카콜라 클래식의 재복귀를 알리는 광고비에 많은 지출을 했기 때문이었다.

코카콜라의 자산은 현격하게는 아니더라도 꾸준하게 증가했다. 1988년 미국에서 가장 많이 팔린 소프트드링크 10개 중 5개는 코카콜라 제품이었고, 코카는 미국 시장의 40%를 점유하게 되었다. 물론 코카의 뒤를 쫓고 있는 펩시의 시장점유율도 31%나 되었다.[9]

소프트드링크 비즈니스가 매년 10억 달러에 달하는 현금을 벌어다 주었기 때문에 로베르토 고이수에타 회장은 소프트드링크 분야 외에 컬럼비아영화사(Columbia Pictures)나 테일러 와인 컴퍼니(Taylor Wine Company) 등 상당수 기업을 인수했다. 그러나 이렇게 인수한 기업은 그의 기대에 부응하지 못했다. 그래도 1988년까지 코카콜라는 다시 50억 달러에 달하는 현금과 부채능력을 보유하게 되었는데, 이렇게 많은 돈을 어디에 쓰느냐가 코카의 고민거리가 될 정도였다.

코카콜라는 콜라의 종류 다변화에도 성공을 했다. 1981년까지만 해도 코카콜라의 사이즈는 한 가지 밖에 없었다. 그것은 6.5온스짜리 병콜라였는데, 사이즈의 다양화로 1987년에 이르러서는 전체 코카콜라 판매에서 이 사이즈의 병 콜라 판매가 차지하는 비율은 0.1% 정도밖에 되지 않았다.[10] 역시 미국에서 가장 잘 팔리는 소프트드링크는 전통의 맛인 코카콜라 클래식이었고, 다이어트 코크(Diet Coke)는 판매순위 3위를 차지했다. 코크 클래식 대 뉴 코크의 비율은 7대 1이었다. 표 6-2를 보면 1986년에 코카콜라에서 생산하는 다양한 콜라의 매출을 잘 알 수 있다.

표 6-2_ 다양한 코카콜라 제품들의 매출, 1986년

종류	매출(백만 상자)
1980년에 한 가지 콜라만을 판매했을 때의 총 판매량	1,310.5
1986년	
코카콜라 클래식	1,294.3
다이어트 코크	490.8
코크	185.1
체리 코크	115.6
무카페인 다이어트 코크	85.6
무카페인 코크	19.0
다이어트 체리 코크	15.0

* 출처: "He Put the Kick Back into Coke," *Fortune* (October 26, 1987), p.48.

게다가 코카콜라의 미래는 밝아 보였다. 미국에서의 1인당 소프트
드링크 소비량은 1980년대에 현격하게 증가했는데, 아래 표는 그 증가
폭을 잘 보여주고 있다.

	1인당 소비량	증가율
1980	34.5갤런	
1986	42갤런	22%

* 출처: 펩시콜라 1986년 연례 보고서, p.13.

세계 시장에서의 성장 가능성도 매우 높았다. 미국 외 지역에서의
1인당 소프트드링크 소비량은 겨우 4갤런밖에 되지 않았는데, 전세계
인구 중 미국이 아닌 나라의 인구가 차지하는 비율이 95%인 것을 감안
하면 이 회사의 성장 가능성은 무궁무진하다고 볼 수 있다.

평가

뉴 코크의 출시에 관해서 어떤 사람들은 그것이 코카콜라의 완전한 실
수라고 얘기하고, 어떤 사람들은 순간의 실수였다고 평가한다. 혼란이
극에 달했을 때 일부 경제전문가들은 이 결정을 순간적인 실수이지만
20세기 역사에 길이 남을 대실수였다고 주장했다. 그러나 사실 그 정
도 실수까지는 아니었다고 본다. 코카의 매출이 다시 증가하자 일부
경쟁업체들은 공짜로 광고를 하기 위해서 코카가 의도적으로 그런 시

나리오를 연출한 것 아니냐고 비난하기도 했다. 물론 코카의 경영진은 그런 주장을 전격 부인했고, 판단착오 때문에 빚어진 일이라고 주장했다. 아무튼 이 뉴 코크 출시 사건은 〈포춘〉지가 지적했듯이 "코카콜라에 대한 미국인들의 충성도를 확인하게 해준" 사건이었다.[11]

한 가지 흥미로운 사실은, 널리 비난받은 코카콜라 측의 이 '실수'가 코카의 또 다른 도약의 기반이 될 거라는 사실을 아무도 예측하지 못했다는 점이다. 중요한 것은 이 사건을 계기로 코카콜라가 소비자들의 기대에 더 잘 부응하려 애쓰고 더욱 인간적인 경영을 하기 위해 노력하고 있다는 점이다.

다음 질문에 답해봅시다

❶ 코카콜라 측이 마케팅 리서치를 어떻게 준비했더라면 더 잘할 수 있었을까? 가능한 한 구체적인 방안을 제시하시오.

❷ 코카콜라가 뉴 코크를 출시했을 때처럼, 한 기업이 언론의 부정적인 보도에 직면하는 경우, 기업은 어떤 방법으로 이 위기를 헤쳐나가야 할까? 그 방안을 제시하시오.

❸ 코카콜라가 기존 오리지널 코카를 시장에서 완전히 철수하지 않고 기존 코카에 새롭게 개발된 코카를 추가하는 방식을 택했다면 성공했을 거라고 생각하는가? 그렇다고 생각하면 그 이유를, 그렇지 않다고 생각하면 그 이유를 설명하시오.

❹ "고장 나지 않은 것은 고치려고 하지 마라!" 이 문장에 대해서 평가해보시오.

❺ 코카콜라 측에서 소비자들의 항의를 유도함으로써 돈을 들이지 않고 코카콜라를 널리 광고하기 위해 뉴 코크 출시 시나리오를 써서 연출했다고 생각하는가? 본인의 생각을 밝힌 뒤에 그 입장을 강력하게 주장해보시오.

❻ 당신이 코카콜라의 최고경영진 중 한 사람이라면, 소비자 항의운동에 신속하게 '굴복' 하겠는가? 아니면 그것을 무시하는 강력한 입장을 취하겠는가?

그때 내가 그 자리에 있었다면

❶ 본인은 코카콜라의 홍보담당 이사이다. 때는 1985년 6월 초, 코카콜라 회사에 대한 부정적인 소문과 저항운동을 억제할 대책을 세우라는 명령이 떨어졌다. 저항운동을 억제하기 위해서, 또는 부정적인 여론을 긍정적인 여론으로 바꾸기 위해서 어떤 대책을 제시하겠는가?

❷ 이제는 본인이 로베르토 고이수에타 회장이라고 생각해보자. 1985년 7월, 뉴 코크를 버리고 오리지널 코크로 돌아가야 한다는 압력이 거세지고 있다. 그러나 가장 최근의 마케팅 리서치에 따르면 소비자들의 극히 일부만이 새로운 코카에 대해 부정적인 반응을 보이는 것으로 나타났다. 이때 어떤 선택을 하여 이사회 멤버들을 설득하겠는가?

그룹 토론을 해봅시다

새로운 코카콜라를 출시하겠다는 결정이 아직 내려지지 않은 상태이다. 본사의 일부 임직원들은 '망가지지 않은 것을 고치려고 하지 마라'는 격언을 상기시키며 변화에 결사적으로 반대하고 있다. 그러나 또 다른 임직원들은 변화는 반드시 필요하며, 이 변화야말로 오랫동안 기다려왔던 것이라고 주장하고 있다. 두 그룹으로 나누어 두 가지 입장 중 한 가지를 선택한 후 상대방을 설득함과 동시에 자기 입장을 방어해보자. (이 토론이 이루어지는 시기는 1985년 초, 다시 말해 뉴 코크가 출시되기 한참 전이다. 실제 일어났던 일은 무시하고, 그 전 상황으로 돌아가 토론을 해보자.)

더 연구해봅시다

현재 코카콜라의 상황은 어떠한가?

코카콜라 클래식이 여전히 우위를 점하고 있는가?

뉴 코크는 여전히 생산되고 있는가?

코카는 펩시와의 전쟁에서 아직도 승자인가?

국제무대에서 코카와 펩시의 전쟁 양상은 어떻게 돌아가고 있는가?

코카콜라의 제품 다양화는 최근 어떻게 이루어지고 있는가?

7

우리는 왜 과거의 실패에서
배우지 못할까?

- 저축은행산업의 위기를 답습한 인터넷산업

• 때로는 위기가 기회를 창출한다

• 지나치게 공격적인 경영이나 지나치게 보수적인 경영 모두 위험하다

• 환경 변화에 적응하려면 기업도 변해야 한다

• 무절제한 팽창과 지출을 경계해야 한다

• 정부의 지나친 보장책은 오히려 기업을 망친다

새로운 밀레니엄이 시작된 지 몇 달 지나지 않아 인터넷업체와 통신업체, 아니 하이테크산업 전체에 대한 장밋빛 꿈은 말 그대로 환상이었던 것으로 드러났다. 브레이크 없는 자동차처럼 사업 확장을 모색하고 거침없이 돈을 써댔던 수백 개 회사들은 파산을 하거나 폐업을 선언했다. 물론 이런 결과는 이 회사의 직원들, 채권자들, 그리고 주주들의 운명을 바꾸어놓았다.

이런 실패를 보면서 안타까운 것은 이 하이테크산업의 실패양상이 정확히 10년 전 상호저축은행들의 실패 양상과 여러 면에서 매우 유사하다는 점이다.

그렇다면 왜 사람들은 과거의 실패에서 배우려 하지 않는 것일까? 어쩌면 수많은 닷컴 창업자들은 십 년 전에 발생한 사태를 기억하기에는 너무 어렸을지 모른다. 그렇다면 이 두 가지 산업 분야의 대실패에서 우리는 무엇을 배워야 할까? 지나친 탐욕, 거침없는 지출, 그리고 비현실적인 기대를 경계해야 한다는 사실을 배워야 한다. 그래야 또 다른 실패를 방지할 수 있기 때문이다.

인터넷산업의 위기

인터넷서비스 공급업체들과 통신업체들의 줄 이은 도산은 하이테크산업이 얼마나 큰 위기를 겪고 있는지 우리에게 잘 보여주고 있다. 2001년 여름 중반에 이르기까지 18개월 동안 무려 500개에 가까운 인터넷

기업들이 사라져버렸다.[1] 순식간에 사라진 기업에는 다음과 같은 대기업들도 포함되어 있다.

	자산 (10억 달러)
Winstar Communications	4,975
PSInet	4,492
Viatel	2,124
Teligent	1,210

　이 기업들이 파산한 이유를 살펴보면, 무리하게 사업을 확장했고, 수요를 잘못 예측했으며, 그리고(또는) 계획을 실행하는 과정에 문제가 많았다. 그 결과 11만 명이 넘는 사람들이 해고당했으며 투자자들이 잃은 손실액은 1,500억 달러가 넘는다. 이 손실액은 1980년대 저축은행산업 파멸 때와 비슷한 수준이다. 불과 5년도 채 안 되는 기간 동안 하이테크산업 창업자들과 벤처 캐피털리스트들의 부와 세계화에 대한 야심은 말 그대로 물거품이 되고 말았다.

　인터넷업체들과 통신업체들의 파산으로 가장 큰 타격을 입은 사람들은 바로 채권업자들과 투자가들이었는데, 이들 산업은 다른 분야와 달리 사무실 외에는 특별한 장비나 공장시설이 없고, 믿어왔던 '지적 재산권'은 꽃 피우지 못한 채 손실만 보다가 결국 문을 닫아 파산 후에도 처분해서 건질 재산이 거의 없었기 때문이다. 그래도 통신업체들의 경우, 전화선이나 부동산, 네트워크 등이 있어서 인터넷업체들보다는 나았다. 그렇지만 이들의 사정도 별로 나을 것이 없었다. 대부분의 기

업들이 한꺼번에 파산했기 때문에 경매에 나온 재산이나 장비들이 제
값을 받을 수 없었던 것이다.

어떻게 위기가 발생했을까?

거의 400개에 가까운 통신업체들은 주식시장에서 5억 달러를 모금했
으며, 나머지 4억 달러 정도는 부채를 얻어 충당했다. 인터넷 붐은 끝
이 없어 보였고, 하이테크 예찬론자들은 하이테크광맥에서 금이 쏟아
질 것이라고 떠들어댔다. 이런 흥분 속에서 전문가들은 네트워크를 서
핑하는 정보의 양이 세 달마다 두 배씩 증가할 것이라고 예측했고, 많
은 사람들이 이 수요를 믿고 서둘러 창업을 했다. 회사를 설립하여 운
영하던 기업들은 성장에 제한이 없을 것이라는 예측만 믿고 자신들의
매출과 수익에는 신경 쓰지 않은 채 물 쓰듯 돈을 써댔다. 이런 터무니
없는 행위를 보면서도 증시는 크게 신경 쓰지 않는 눈치였다. 단기적
으로는 수익을 내지 못하더라도 장기적으로는 대박을 터뜨릴 것이라
는 기대가 있었기 때문이다. 관련 기업들이 얼마나 생각 없이 지출을
해댔는지를 보기 위해 파산한 대기업들 중 하나인 피에스아이넷
(PSINet)의 예를 한번 살펴보자.

버지니아 소재의 PSINet은 회사 사정은 감안하지 않고 이 기업 저
기업을 인수하며 세확장에 몰두했다. 그리하여 이 회사의 사업목표인
비즈니스를 네트워크에 연결하는 것과는 거의 관련이 없는 메타모르

(Metamor) 같은 컨설팅업체도 사들였다. PSINet의 CEO였던 윌리엄 슈레이더는 아무 제한 없이 쓰고 싶은 대로 돈을 썼는데, 예를 들어 볼티모어에 새롭게 건설된 축구 경기장에 자사의 이름을 붙이는 권리를 사들이는 데 1억 500만 달러를 쓰기도 했다. (실제로는 2,600만 달러를 지불한 후 PSINet이 파산하는 바람에 비용을 다 지불하지 못했다.)

장거리 전화의 개척자였던 MCI도 이에 못지않게 무계획하고 방만하게 사업을 운영했다. 이 회사는 비용이 엄청나게 드는 인프라를 건설하면서 이를 정크본드로 충당했고, 이 비용은 후에 매출로 상환하는 방식으로 회사를 운영했다. 이 회사의 주가가 상승하고 있었기 때문에 월스트리트는 그런 불안한 경영방식을 용납했는데, 2000년에 나스닥이 붕괴되고 나서야 이런 편법은 절대 성공할 수 없다는 사실을 깨달았다. 그러자 이런 회사들에 대한 돈줄이 갑자기 막히게 되었고, 결국 회사들은 파산할 수밖에 없었다.

위기와 파멸의 실체 해부
밸류아메리카닷컴(ValueAmerica.com)은 6,000달러를 상회하는 고가 시계에서부터 감기약까지 다양한 제품을 판매하며 자칭 '인터넷의 월마트'라고 홍보를 했다. 이 회사는 자사에서 판매하는 수많은 제품의 재고를 하나도 직접 보유하고 있지 않았다. 소비자들로부터 인터넷으로 주문을 받은 후 그 주문내용을 공급업체에게 넘겨주어 공급업체가 직접 고객에게 물건을 보내주도록 하는 유통방법을 채택했기 때문이었다. 언뜻 보기에는 유통구조의 혁신적인 개선으로 소비자의 만족을 가져올 것 같았던 이 방법은 반대로 소비자들의 불만을 불러일으켰는

데, 여러 종류의 물건을 주문한 경우, 물건이 한꺼번에 도착하지 않고 하나씩 따로 따로 도착했기 때문이다.

카리스마적인 사업가로 소문나 있던 크래그 윈은 1996년에 밸류아메리카를 창립했다. 그의 계획은 여러 단계에 걸친 유통과정을 간소화하여 중간 유통비용을 줄이는 것이었다.

윈과 그의 추종자들은 이런 아이디어가 소매유통산업에 혁명을 불러일으킬 것이라고 믿었다. 이들의 아이디어에 반한 사람들이 수백만 달러를 이 회사에 쏟아부었는데, 이들 투자가에는 마이크로소프트의 공동 창업자인 폴 앨런과 같은 유명한 사람도 포함되어 있었다. 한편 이 아이디어에 매력을 느낀 450개가 넘는 공급업체들이 웹사이트를 통해 자신들의 물건들을 판매하겠다고 신청해왔다. 그 결과 1997년에 13만 4,000달러였던 매출은 1998년에는 무려 4,230만 달러로 뛰어올랐다. 그러자 윈은 1999년에 주식 공모를 했는데, 너도 나도 이 주식을 사겠다고 달려드는 통에 주당 55달러에 판매되었고, 이 회사의 자본규모는 32억 달러가 되었다.

그 전년도인 1998년에는 매출이 4,200만 달러나 되었지만 수익은 전무했다. 이렇게 인터넷기업에 광적으로 투자가들이 쏠리는 현상은 당시에는 특별한 현상이 아니었다. 당시 투자가들은 미래에 충분히 보상을 받을 것이라는 장밋빛 꿈을 안고 무조건 주식을 사겠다고 달려들었다.

그러나 얼마 안 가서 이런 장밋빛 꿈은 환상임이 드러났다. 야심 찬 소매유통계획 여기저기에서 문제가 발생했고, 소비자들은 동네 슈퍼마켓이나 약국에서 얼마든지 살 수 있는 물건을 인터넷으로 구입한 죄로 몇 주씩이나 기다려야 했다. 소비자들의 관심을 더 끌기 위해서 이 회사는 거금을 들여 웹사이트 광고캠페인을 벌였는데, 이 때문에 손실만 더 커졌다. 그 외에 더 큰 문제는 소비자들이 반품한 물건들을 처리할 방법이 없었다는 것이다. 결국 1999년 11월, 이 회사의 이사회는 원을 축출하고 말았다.

그리고 이 회사는 대대적인 구조조정을 단행했는데, 이 과정에서 인력의 47%가 정리해고되었으며 회사의 규모도 대폭 축소되었다. 그러나 이런 조처만으로 문제를 해결하기에는 역부족이었다. 그리하여 2000년 7월에 이르러서는 한 달간 적자수준이 1,300만 달러로 늘어났고, 회사는 유동성 부족에 시달리게 되었다. 매출을 늘릴 방안으로 이 회사가 고안해낸 것은 밸류달러(ValueDollars) 제도의 도입이었는데, 이 제도는 소비자가 제품을 구입하는 경우 구입가격을 50% 할인해주는 제도였다. 문제는 이 제도로 인해 매출이 늘면 늘수록 회사는 점점 손해를 보게 되었다는 것이다. 결국 회사는 위기극복 전문가에게 손을 내밀게 되었는데, 이때 구원투수로 등장한 인물이 프라이스워터하우스쿠퍼스(PricewaterhouseCoopers)의 회계담당 임원이었던 마르티 코파츠였다.

코파츠가 첫 번째로 해야 했던 일은 이 회사가 회생할 가능성이 있는지 없는지를 판단하는 일이었다. 당시 이 회사는 은행에 1,700만 달러의 현금을 보유하고 있었는데, 이는 구조조정 전문가가 도착하기도 전에 돈이 씨가 말라버린 다른 닷컴들에 비하면 매우 양호한 편이었다. 그녀는 이런 현금 보유 현황 외에도 일 년에 10억 건의 주문을 소화할 수 있도록 디자인된 밸류아메리카의 컴퓨터 네트워크가 자산가치가 높다고 평가했다. 그리고 비싼 맞춤 책상을 구입하는 등 무분별한 지출행위에 제동을 걸었다.

코파츠는 마진이 너무 낮아 돈을 전혀 벌지 못하고 있던 소매유통 쪽 사업을 죽여버렸다. 그리고 나서 법원에 파산을 신청했고, 채권자들은 자신이 투자한 액수의 50~65%를 받는 조건에 만족해야 했다. 이 수치는 대부분의 파산한 닷컴이 제시한 수준과 비슷했다. 한편 밸류아메리카의 컴퓨터 시스템은 250만 달러에 판매되었으며, 46명의 관련 직원들은 시스템 운영을 위해 자리를 지킬 수 있었다.[2]

이 회사의 상황은 그나마 나은 편이었지만, 팔아서 현금화할 수 있는 실질적인 자산이 거의 없는 회사들의 경우, 투자자들은 말 그대로 파산할 수밖에 없었는데, 대부분의 닷컴들이 그러한 실정이었다.

그 후의 상황

인터넷과 하이테크 관련 기업들은 다시 살아날 수 있을까? 물론 일부 기업들은 회생이 가능하고, 지금 이 순간에도 살아 돌아오는 기업들이 있을 것이다. 또한 소위 '혁신적인 사업가'들은 여전히 참신한 아이디어를 들고 새롭게 시장에 뛰어들고 있을 것이다. 그러나 이들 중 성공하는 사람들은 거의 없을 것이다. 과거에 이 분야의 사업이 대부분 실패로 끝난 이유는, 겁 없는 투자가들이 이제 막 창업을 하여 투자액을 회수하려면 언제까지 기다려야 할지도 모르는 회사에 엄청난 돈을 쏟아부었기 때문이었다. 그런 무모한 투자 덕분에 이 회사들의 주가는 기존 기업들의 주가에 비해 과대평가되었고, 이 주가를 믿은 또 다른 투자가들이 벌떼처럼 달려들어 거품이 형성되었던 것이다.

그럼 지금부터는 탐욕과 지나친 야심의 실체를 보여주는 또 하나의 예인 1980년대와 1990년대 상호저축은행산업의 사례를 살펴보기로 하자.

상호저축은행의 비극

저축은행(savings and loan)산업 몰락의 결과가 닷컴의 몰락보다 사회에 더 큰 파장을 불러일으켰던 이유는 이 산업에는 돈 많은 투자가들이 아닌 서민들의 쌈짓돈이 관여되어 있었고, 국민들이 낸 세금이 두고두고 이 문제를 해결하는 데 사용되었기 때문이다. 수백만 미국인들의 내 집 마련에 결정적인 역할을 했던 저축은행산업은 거의 몰락해버렸고, 이 문제를 해결하기 위해 미국 정부는 역사상 최고액의 돈을 투자해야 했다. 물론 모든 저축은행이 다 몰락한 것은 아니다. 일부는 위기를 넘기고 살아남았다. 그렇다면 이 사례로부터 우리가 배울 것은 무엇인가? 그 전에 우선 저축은행산업이 파멸할 수밖에 없었던 실상을 살펴보도록 하자.

실패사례들

선벨트 저축은행

에드윈 T. 맥버니가 자신의 재산을 모두 투자하여 저축은행사업을 시작한 것은 그의 나이 불과 29세 때였다. 때는 바야흐로 1981년이었다. 맥버니는 대학에 다닐 때부터 탁월한 사업수완을 발휘하여 냉장고를 대학생들에게 임대하는 사업으로 많은 돈을 벌었다. 대학을 졸업하고 나서는 부동산 분야에 뛰어들었는데, 마침 그때 불기 시작한 댈러스 시장의 붐을 등에 업고 젊은 나이에 그는 대 브로커이자 투자가로 성장하게 된다.

1981년 12월, 맥버니는 투자 그룹을 만들어 작은 저축은행들을 사들이기 시작한다. 그 중 하나가 텍사스주 스티븐빌에 위치한 선벨트 저축은행(Sunbelt Savings)이었는데, 당시 선벨트는 그리 유망한 사업체가 아니었다. 이렇게 여러 저축은행을 사들인 맥버니는 이를 하나의 대형 은행으로 묶어 선벨트 세이빙스 어소시에이션(Sunbelt Savings Association)이라고 이름 짓는다. 그리고 4년이라는 기간이 채 지나지 않아 선벨트는 32억 달러 규모의 금융왕국으로 성장하게 된다.

선벨트가 이토록 급성장을 한 이유는 선벨트 측이 다른 회사들이 꺼리는 상업용 부동산 대출에 대거 진출했기 때문이었는데, 이런 정책 덕분에 성장은 했지만 실패할 경우 그만큼 위험도 큰 모험이라고 할 수 있었다. 예를 들어 선벨트는 경험이 전혀 없는 20대의 젊은 댈러스 부동산 개발업자에게 1억 2,500만 달러를 빌려주었는데(개발 예정인 토지만을 담보로 잡고), 이 개발업자는 이익은커녕 8,000만 달러의 손실을 보았다.[3] 한창 잘 나가던 시절에 선벨트에는 상업은행 부서가 별도로 있었고, 캘리포니아에서 플로리다에 이르기까지 상업용 부동산 개발업자들에게 개발대금을 대출해주었다.

맥버니와 중역들은 이 회사가 보유하고 있는 일곱 대의 자가용 비행기를 타고 텍사스 이곳저곳을 누비고 다녔다. 맥버니는 특히 초호화 파티를 벌이기를 좋아했는데, 궁전처럼 지어놓은 댈러스의 저택에 수백 명의 손님을 초대하여 평소에 보기 힘든 사자고기나 영양고기 등을 대접하곤 했다. 1984년과 1985년에 선벨트는 할로윈과 크리스마스 파티를 위해 130만 달러를 쏟아부었는데, 이 중 맥버니의 부인이 개최한 파티 비용만 해도 3만 2,000달러나 된다. 텍사스 거부들의 이와 같은 거침없는 소비행위는 끝없이 계속될 것처럼 보였다. 이들은 불행의 먹구름이 서서히 다가오고 있음을 알지 못했다.

1984년, 텍사스주 메스퀴트에 있는 엠파이어 저축은행(Empire Savings and Loan)이 위험도 높은 투자를 거듭한 끝에 무너지고 말았다. 엠파이어의 파산은 이 분야 전체의 미래에 대해 의심을 불러일으켰다. 그리하여 저축은행을 감시하고 규제하는 역할을 하는 연방주택 대출은행(Federal Home Loan Bank)의 에드윈 그레이 회장은 업계 전체로 비극이 확산되는 것을 막기 위해 이 산업의 흐름에 제동을 거는 조치를 취했다. 그는 담보로 잡은 부동산들의 시장가치를 재평가하고 자본보유율을 높일 것을 명했다. 그리고 저축은행 측이 그 평가 작업을 직접 행하지 못하도록 하고, 대신 수백 명의 부동산 평가전문가와 감사전문가를 고용했다. 새롭게 채용된 부동산 평가전문가들은 담보로 잡은 부동산이 30%정도까지 시세보다 과대평가되었다는 사실을 발견했다. 많은 저축은행들은 이들 대출에 대한 장부가치를 낮추어야 했는데, 이 때문에 가뜩이나 취약한 자본보유상황이 더 취약해지는 결과가 발생했다. 바로 이때 유가가 떨어지면서 석유에 의존하던 텍사스 경제가 붕괴되기 시작했고, 부동산의 가치도 사정없이 떨어졌다. 물론 이로 인해 가장 큰 타격을 입은 것은 저축은행들이었고, 이들은 차례로 나가 떨어졌다.

끝없이 지속될 것 같았던 맥버니 왕국에도 드디어 위기가 왔다. 1986년 봄, 수백 명의 부동산 평가전문가들과 감사전문요원들이 댈러스에 있는 선벨트 본사로 내려왔다. 모든 서류를 검토한 결과 이들은 선벨트가 지불불능상황에 처해 있다는 결론을 내렸다. 이들은 선벨트를 당분간 생존시키되, 맥버니에게는 그해 6월에 사퇴할 것을 종용했다. 선벨트가 담보로 잡은 60억 달러 상당의 부동산 중 처분이 가능한 것은 몇 백만 달러어치 밖에 되지 않았다. 1988년 말, 연방주택대출은행 이사회는 향후 10년간 선벨트를 계속 생존시키는 데 드는 비용이 무려 55억 달러라는 평가를 내렸다.[4]

선벨트의 치욕은 이것으로 끝난 것이 아니었다. 맥버니와 내부 주주들은 1,300만 달러의 공금을 유용하고 1985년과 1986년에 차별적인 주식배당금을 챙긴 혐의로 고소를 당했다. 이들이 무분별하게 지출을 하던 당시는 선벨트의 자산가치가 형편없이 떨어져서 자본이 급속히 증발해가던 시점이었다.

쉠록 페더럴 저축은행

텍사스주 쉠록에서도 마을 한 구석에 자리 잡고 있던 작은 저축은행이 문을 닫고 말았다. 텍사스주에 위치한 작은 마을 쉠록의 주민들에게 희망이었던 쉠록 페더럴 저축은행(Shamrock Federal Savings Bank) 의 몰락은 전 주민들에게 아픔과 아쉬움을 안겨주었다.

텍사스의 마을들에는 대부분 작은 저축은행들이 있었는데, 그들 대부분이 같은 코스를 따라갔다. 처음에는 마을 주민들을 위해 설립되지만, 시간이 흐르면서 돈 많은 외지인의 손에 넘어간다. 그리고 나서 당분간은 급성장의 물결을 탄다. 그러다가 마지막에는 지불불능상태로 인한 폐업에 이르는 것이다.

이들의 실패의 원인은 한결같았다. 작은 마을에 위치하고 있으면서 지나치게 세력을 확장했고, 무능한 경영진이 위험도가 높은 벤처사업에 대출을 해주었기 때문에 결국은 망하고 만 것이다. "그것을 팔아넘긴 것은 큰 실수였다. 파는 대신, 우리 마을 사람들이 운영하고 우리 마을 사람들에게 대출을 해주는 저축은행으로 계속 키워나갔어야 한다" 라고 이 은행의 창립 멤버 중 한 사람은 한탄했다.

쉠록 페더럴 저축은행 창립의 태동은 1977년으로 거슬러 올라간다. 1977년에 텍사스주 상공회의소 멤버이자 지역 상공회의소 대표였던 필 케이츠는 오클라호마 지역을 따라 쉠록을 비롯한 작은 마을 주민들에게 서비스를 제공할 금융기관을 하나 설립해야겠다는 생각을 한다. 그리고 유전 개발 붐이 일어 이 지역으로 수백 명씩 새로운 인구가 몰려들자, 마을 주민들을 위해 봉사할 수 있는 저축은행을 설립하자고 주민들을 설득했다. 사실 쉠록에는 부유한 가문이 운영하는 은행이 두 개나 있었다. 그러나 이들 은행은 서민을 위한 장기주택담보대출을 꺼렸으며, 설령 대출을 해준다 해도 높은 이자를 요구했다. 저축은행을 설립하자는 케이츠의 제안에 마을 주민 수백 명이 호응했고, 그 결과 1979년에 레드 리버 저축은행(Red River Savings and Loan Association)이 설립되었다. 마을 전체 주민 2,834명 중 350명이 주주로 참여해서 이 저축은행을 설립했으니 주민들의 자부심이 얼마나 대단했겠는가?

그 후 저축은행에 대한 정부의 규제가 풀리자, 레드 리버 저축은행과 같은 작은 시골 마을 금융기관들은 외지 개발업자나 투기꾼들의 사냥 대상이 되었다. 레드 리버도 예외는 아니어서, 제리 D. 레인이라는 투기꾼이 나타나, 처음 주식을 구입했을 때의 두 배 가격인 주당 21달러씩을 주겠다며 주민들을 현혹했다. 물론 마을 주민들은 돈을 벌 수 있는 절호의 기회라고 생각하며 주식을 레인에게 다 팔아버렸다.

이렇게 주민들로부터 은행을 인수한 레인은 은행 이름을 쉠록 저축은행(Shamrock Savings Association)이라고 바꾸었다. 개명을 하고 나서 3년 동안 쉠록 저축은행의 예금고는 1,160만 달러에서 1억 1,130만 달러로 치솟는다. 쉠록 저축은행은 텍사스 작은 마을의 이름을 달고 있었지만 실제로는 마을 주민들의 주택금융에는 관심이 없었고, 멀리 떨어진 콜로라도주의 아마릴로나 콜로라도 스프링스 같은 곳의 개발 사업에 눈독을 들인다. 그리고 다른 저축은행의 대출 중 일부를 사들이는 작업도 시작한다.

쉠록 저축은행의 비극은 1987년에 시작된다. 1985년에 텍사스주 러복에 있는 스테이트 저축은행(State Savings)이 몰락하자 미연방저축대부보험공사(Federal Savings and Loan Insurance Corporation)가 이에 대한 조사를 시작했다. 그리고 1억 5,000만 달러에 달하는 비리가 있었다는 것을 발견하고 1987년에 레인과 다른 임원들을 부정혐의로 고소했다. 레인은 그 당시 스테이트 저축은행의 최고경영자였다. 연방 당국자들은 상호저축은행사업에 일정한 패턴이 있다는 사실을 발견했는데, 쉘록도 예외는 아니었다.

그 패턴은 다음과 같았다. 개발업자들에게 무모하게 대출을 해주고, '제대로 돌려받을 수 있을지 알 수도 없는' 고객에게 집중적으로 대출을 해주고, 부동산 평가를 할 때는 시세보다 높이 평가해주며, 대출 시 필요한 신용평가조사를 정식으로 행하지 않는다. 한마디로 말해서 '같이 점심을 먹고 나서 악수만 하면 대출이 결정되곤 했다.'

연방저축대부보험공사는 1987년 11월, 쉘록 저축은행의 문을 닫아버렸다. 당시 쉘록 저축은행은 부채가 자산보다 1,660만 달러나 많았다. 쉘록은 다른 저축은행처럼 작은 마을 주민들의 기대를 저버렸다. 마을 주민들의 내 집 마련 계획이나 그 지역의 프로젝트 지원을 위해 설립되었던 이 은행은 그런 설립 취지에서 완전히 벗어났고, 경영진은 이익이 적은 소규모 대출보다는 위험부담은 크지만 일단 성공하면 크게 수익을 남길 수 있는 외지의 대형 사업계획에만 대출을 해주었던 것이다.

쉘록 저축은행의 탄생과 몰락은 다른 대형 저축은행의 경우와 크게 다르지 않다. 이들 저축은행들은 텍사스를 비롯한 남서부 주에서 일기 시작한 유전개발붐에 편승해서 사세를 확장했는데, 이들은 유가는 상승하기만 할뿐 하락하는 일은 절대 없을 것이라고 믿었다. 그 지역 사람들은 이런 오일 머니만 믿고 여기저기에 건물을 짓고 개발을 했다. 이런 개발계획에 저축은행들이 대거 대출을 해준 것이다. 그러나 불행하게도 1980년대 초에 석유값은 배럴당 14달러 선으로 떨어졌다. 그러나 남서부 주 전체에서 진행되던 상업용 부동산 개발계획에 대한 돈줄은 순식간에 말라버렸다.[5]

링컨 저축은행 : 정치적인 스캔들

찰스 키팅은 캘리포니아 저축은행(California's Savings and Loan)을 소유하고 있었다. 그러던 중 1984년에 링컨 저축은행(Lincoln Savings and Loan)을 인수했다. 그리고 일반 가정용 주택담보대출을 해주던 관행을 바꾸어 토지, 정크본드, 그리고 하룻밤에 900달러나 하는 애리조나주 스코츠데일의 휘니션 리조트(Phoenician Resort)같은 대형 개발계획에 투자를 했다.

한편 키팅은 정치 헌금을 많이 하는 사업가로도 유명했는데, 그는 특히 장래가 유망한 5인의 상원의원인 존 글렌, 알란 크랜스톤, 존 매케인, 도널드 리글, 데니스 드 콘치니의 진영에 집중적으로 헌금을 했다. 미국에서 막강한 영향력을 행사하는 이 다섯 명의 상원의원들이 키팅에게서 받은 헌금은 모두 130만 달러에 달한다. 그리하여 악성 채권을 많이 보유하고 있으며 부정적인 대출을 해주었다는 이유로 연방 주택대출은행 이사회가 링컨 저축은행을 폐쇄시키는 결정을 내리려 했을 때, 키팅은 이들 의원들에게 도움을 청했고, 이들의 로비로 링컨 저축은행의 폐쇄는 2년 동안이나 연기될 수 있었다. 문제는 그 기간 동안 링컨 저축은행이 은행의 구좌 보유자들에게 지불해야 하는 돈의 총액이 13억 달러에서 25억 달러로 증가했다는 데 있다. 이 액수는 저축은행 문제 처리 사상 최고액 중의 하나로 기록되고 있다.[6]

키팅은 후에 부정 대출, 사기, 은행 자금 유용 혐의로 재판을 받고 결국 감옥에 갔다. 그리고 키팅에게서 헌금을 받은 상원의원들도 공모를 했다는 이유로 심한 질책을 받았다.

이렇듯 여러 저축은행들의 운영사례를 보면, 이 은행들은 대출을 해주면서 제대로 신용평가도 하지 않았고, 크게 이익이 돌아올 가능성만 믿고 위험도가 극히 높은 대형 개발사업에 집중적인 지원을 해주었음을 알 수 있다. 이런 행위는 은행의 주주들이나 은행을 위해 일하는 직원들을 전혀 배려하지 않은 참으로 뻔뻔스러운 행위이다. 대부분 저축은행들의 경영진은 도박을 하는 기분으로 은행을 운영했다. 그렇다면 이런 행위에 동참한 임원들과 간부직원들도 회계 문제와 무책임에 대해서 책임을 져야 하는 것이 아닐까? 아래 Information Box에서는 임원과 간부들의 책임 정도는 어디까지인지에 대해 살펴보기로 하자.

임원과 고위간부들은 어느 정도까지 책임을 져야 할까?

저축은행의 임원들이나 고위간부들은 직책에 걸맞게 아주 높은 연봉을 받는다. 그렇다면 아무리 정부가 예금주들에게 보상을 해준다고 해도 임원과 고위간부들이 은행의 자산을 보호하기 위해 노력해야 하지 않을까? 그것이 그들의 임무 중 하나가 아닐까? 대출에 대한 신용조사를 게을리 하고, 불법행위에 가담하고, 예금주들의 소중한 돈을 제대로 관리하지 않았다면, 예금주들에 대해서도, 자신이 몸담고 있는 은행에 대해서도 책임을 져야 하는 것이 아닐까? 이들은 자신들에게는 주주들의 재산을 보호해야 할 의무가 있다는 사실을 망각하고 있는 것은 아니까?

인생과 경영을 도박으로 여기는 사람들이 과연 은행 경영자가 될 자격이 있을까? 저축은행에 돈을 맡긴 예금주들은 대기업에 큰 투자를 하거나 모험을 일삼은 벤처 캐피털리스트와는 전혀 다른 성격의 사람들이다. 이들은 힘들게 모은 돈을 은행에 믿고 맡겼으며, 복잡한 저축 수단에는 관심이 없는 사람들이다. 특히 저축은행의 예금주들 중 다수는 은퇴한 노인들이다. 이런 점에서 저축은행의 임원들이나 고위간부들은 고객의 돈이 얼마나 소중한지를, 그리고 은행에서 일하는 직원들에게 그 직업이 얼마나 중요한지를 깨달아야 한다.

이렇게 서민의 입장을 소중하게 여겨야 할 사람들이 사치와 무분별한 지출을 일삼고 도박과 같은 성격의 개발계획에 은행돈을 투자했다면, 당연히 비난받아야 하고 자신들의 행위에 대해 책임을 져야 하지 않을까?

이들 경영진이나 고위간부들은 대부분 자신의 직책에서 해임되는 것으로 벌을 다 받았다고 생각한다. 그리고 실제로 이들에게는 큰 벌이 내려지지 않는다. 물론 이들의 재산은 그대로 보호받는다. 이들에게는 이런 단순한 문책이 아닌 더 무거운 형벌이 주어져야 하는 것은 아닐까?

이상은 경영진이 기업의 이익, 주주(은행의 경우 예금주들)의 이익에 반하는 행위를 했을 경우 흔히 던져지는 질문들이다. 〈유에스에이 투데이 (USA Today)〉는 저축은행의 여러 부정행위들이 밝혀지고 나서 일반 독자들을 상대로 여론조사를 했다. 그 결과 독자들은 다음과 같은 반응을 보였다.[7]

나는 그들에게 은행돈을 불려달라고 맡겼지 흥청망청 다 써버리라고 맡기지는 않았다.

내가 내 돈을 다 써버릴 경우, 아무도 그 돈을 물어주지 않는다. 마찬가지로 저축은행의 경우도 돈을 잘못 관리해서 예금주들에게 지불할 돈이 없는 경우, 파산을 선언해야 하고 정부가 이를 대신 물어주면 안 된다.

이런 사기행위에 가담한 임직원들은 모두 은행 측에 배상을 하게 해야 한다. 2백만 달러짜리 집을 보유하고 있다면 그것을 경매에 부쳐서라도 그 돈을 다 회수하고 본인은 감옥으로 보내야 한다.

그들은 당연히 자신들의 무모한 행동에 대해서 책임을 져야 한다.

think about this

몰락한 저축은행의 임원이 자신은 투자가들의 이익을 위해서 최선을 다했다고 말한다. 위험도가 극히 높았던 부동산 개발사업의 경우, 그것이 실패할 것임을 당시 상황으로서는 예상하기 어려웠다고 주장한다.

저축은행 임원의 이런 주장에 대해서 어떻게 생각하는가? 이를 받아들일 수 있겠는가?

저축은행산업의 대붕괴

1988년, 미국의 3,178개 저축은행 중 503개가 지불불능상태에 빠졌다. 그리고 다른 629개 저축은행의 경우, 정부 규제당국이 통상적으로 요구하는 자본보유액보다 형편없이 낮은 수준의 자본을 보유하고 있었다. 1987년의 경우, 630개 저축은행이 75억 달러에 달하는 손실을 보았는데, 이는 나머지 모든 저축은행이 그해에 벌어들인 돈의 절반에 해당하는 엄청난 액수였다.[8] 손실을 본 은행들 대부분의 경우, 위험도가 지극히 높은 회사에 대출을 해주었기 때문에 그런 손실을 본 것이다. 하지만 문을 닫거나 지불불능상태가 된 저축은행 중 50개 정도의 경우, 경영진의 사기와 부정행위로 인해서 문을 닫았다.[9] 문을 닫았거나 위기에 처한 저축은행 중 50% 이상은 텍사스주에 소재하고 있었다.

그러나 다른 지역의 저축은행들 역시 무너져 내렸다. 예를 들어 캘리포니아에 있던 비벌리 힐스 저축은행(Beverly Hills Savings & Loan)의 경우에도 터무니없는 부동산 벤처와 정크본드에 대부분의 돈을 투자하다 결국 1985년에 문을 닫고 말았다. 자본금 15억 달러를 자랑하던 플로리다주의 선라이즈 저축은행(Sunrise Savings & Loan)도 1986년에 해체되었으며, 14억 달러에 달하는 대출금 중 64%를 투자가 아닌 투기에 사용한 아칸소주 소재 퍼스트 사우스 페더럴 저축은행(First South Federal Savings & Loan)도 1986년에 문을 닫았다. (표 7-1은 1998년 9월 30일 현재 시계가 멈춰버린 저축은행 중 일부의 예이다). 물론 저축은행 산업의 와해로 가장 큰 피해를 입은 지역은 텍사스 주였다. 한편 이렇게 예금주들과 주주들에게 엄청난 피해를 입힌 저축은행들 중 일부는 정부 감사관들이 들이닥치기 전에 서류를 폐기하거나 빼돌렸다는 의혹도 제기되었다.

표 7-1_ 1988년 9월 30일 현재 '시계가 멈춰버린' 상호저축은행들 *

주	상호저축은행명	손실액(백만 달러)
Texas	Gill Savings, Hondo	542.7
	Meridian Savings, Arlington	387.7
New Mexico	Sandia Federal, Albuquerque	482.6
Arizona	Security S&L, Scottsdale	351.6
Arkansas	Savers Federal, Little Rock	286.5
California	Westwood S&L, Los Angeles	222.7
	Pacific Savings, Costa Mesa	206.6
Florida	Freedom S&L, Tampa	231.6

* 출처: SNL Securities, Inc., and *Fortune* (January 30, 1989), p.9
* 여기 소개된 저축은행들은 수많은 사례 중 일부에 불과하다.

그렇다면 저축은행들은 왜 그렇게 무모한 곳에 투기를 했을까? 그 큰 이유 중 하나는 대출당 10만 달러까지는 연방저축대부보험공사에서 보상을 해주기 때문이었다. 그러나 이 정부기관도 계속 늘어만 가는 저축은행의 손실액을 메워주기에는 역부족이어서 결국 의회의 승인 하에 정부는 수십억 달러의 추가 예산을 새롭게 배정해야 했다.

상당수 저축은행의 와해는 도미노효과를 가져왔다. 자신들이 돈을 맡긴 저축은행도 망하지 않을까 불안해진 예금주들이 예금 지불을 요구하기 시작했는데, 이들이 맡긴 돈의 총액은 9,320억 달러라는 천문학적인 숫자였다. 이들이 일제히 자신들이 맡긴 돈을 찾겠다고 주장하는 경우 저축은행산업은 완전히 붕괴될 수 있었다. 이 천문학적 숫자에 비하면 위기에 처한 저축은행에 자금을 공급해주는 역할을 하는 정부기관인 연방주택대출은행의 총자본금인 140억 달러는 너무나 적은 액수였다. 물론 연방저축대부보험공사의 자금도 넉넉하지 않았다. 정부는 고민에 빠졌다. 문제의 저축은행들의 수명을 연장시키기 위해 예산을 낭비하기보다는 차라리 이런 은행들의 문을 닫게 한 후 예금주들에게 돈을 물어주는 편이 차라리 간단한 처방처럼 보였다. 그러나 문제는 연방저축대부보험공사가 가진 재원으로는 이 돈을 다 물어주기에 완전히 역부족이라는 현실이었다. 이 문제를 처리하기 위해서는 적어도 200억 달러라는 엄청난 추가예산이 필요했다. 결국 정부의 이런 무모한 개입으로 인해 후에 피해를 보게 될 사람들은 세금을 내는 국민들이었다. 몰염치한 저축은행 경영진이 저지른 행위의 책임을 국민들이 지게 되는 것이다.

저축은행산업의 역사

저축은행은 처음에는 '건축대부(building and loan)은행'이라고 불렸다. 집을 짓는 데 필요한 자금을 빌려주기 위해 탄생한 은행이기 때문이다. 전세계 경제 대공황이 오기 전에 대부분의 상업은행들은 중산층 이하의 주민들에게는 주택구입대출을 해주지 않았다. 이에 노동자계층이 힘을 모아 협동조합을 만들었는데, 이들은 저축은행협동조합에 돈을 맡겼고, 모아진 자금은 회원들이 주택을 마련할 때 대출금으로 사용되었다.

그러나 경제 대공황으로 인해서 수천 개의 은행과 저축은행들이 문을 닫았고, 루스벨트 행정부는 서민들의 저축을 보호하기 위해 일정 정도까지 정부가 보상을 해주는 두 개의 저축보증기금을 만들었다. 그리하여 탄생한 것이 저축은행 예금을 보호해주는 역할을 하는 연방저축대부보험공사와 상업은행의 예금주를 보호해주는 역할을 하는 연방저축보험공사(Federal Deposit Insurance Corporation, FDIC)였다.

1960년대 후반에 저축은행들에게 시련이 왔다. 연방정부가 저축은행들로 하여금 의무적으로 주택을 담보로 한 장기대출을 해주도록 하는 법규정을 채택했기 때문이었다. 이 장기대출에 필요한 자금은 단기저축에서 가져다가 충당했다. 물론 이런 저축은행들의 관행은 처음에는 아무런 문제가 없었다. 그러나 인플레이션 비율이 높아지자 문제는 완전히 달라졌다. 고정금리 장기대출 등 이 은행들이 보유하고 있는 포트폴리오의 자산가치는 인플레율이 상승하자 곤두박질치기 시작했다. 그리하여 1971년의 경우 저축은행산업의 자산가치는 마이너스 170억 달러로 평가되었다. 1970년대에 인플레율이 더 상승하자 저축은행산업은 대출 포트폴리오에 있어 그 어느 때보다도 큰 손해를 보게 되었다.

저축은행의 라이벌은 인플레이션만이 아니었다. 이 산업에 새로운 라이벌이 등장했는데, 그것은 머니마켓(단기금융시장) 뮤추얼펀드(money market mutual fund)였다. 특히 이 뮤추얼펀드들은 새로운 컴퓨터기술을 등에 업고서 전통적인 방식을 고수하는 저축은행산업을 위협했다. 새롭게 등장한 이 단기금융시장 뮤추얼펀드들은 양도성예금증서(CD), 기업어음, 정부채 등 새로운 고소득 금융상품과 수단들을 제시하며 높은 수익률을 기대하는 예금주들을 유혹했다. 새롭게 등장한 컴퓨터기술 덕분에 고객들은 높은 수익률을 보장하는 머니마켓 뮤추얼펀드에 돈을 예탁하고 그 계좌를 통해서 가계수표를 사용할 수 있었다. 그런 복잡한 거래는 컴퓨터기술 덕분에 가능할 수 있었다.

이 머니마켓 뮤추얼펀드가 일반 은행 및 저축은행에 미친 영향은 그야말로 엄청났다. 일반 은행과 저축은행에 맡겨져 있던 수천억 달러의 자금이 이들 기존 금융기관을 빠져나가 뮤추얼펀드 시장으로 일제히 몰려들었기 때문이다. 1970년대에 물가상승률이 두 자리 수를 기록하자 금리는 더욱 상승하게 되었고, 고정식 저금리로 주택담보대출을 해주던 저축은행산업은 최악의 위기를 맞게 되었다. 그리하여 1981년에는 저축은행의 80%가 손실을 내게 되었고, 그나마 수익을 낸 20%도 정부가 요구하는 최소자본준비금 수준을 훨씬 밑돌고 있었다.[10] (자세한 내용은 표 7-2 참조. 이 표는 1980년대에 저축은행산업이 얼마나 악화일로를 걸었는지를 잘 보여준다.)

현금이 급속히 빠져나감에 따라 저축은행산업 전체가 위기에 빠지자, 이 산업을 위기에서 구하기 위해 미 의회는 1980년에 예금기관 규제완화 및 통화관리법(Depository Institutions Deregulation and Monetary Control Act)을 채택하여 예금금리 상한선을 단계적으로 폐지하고 저축은행이 다양한 종류의 소비자 대출상품을 개발·판매하는 것을 허용하게 되었다. 의회는 또한 연방저축대부보험공사의 보험 커버액을 4만 달러에서 10만 달러로 증가시켰고, 정부는 이 산업 전반에 걸친 규제를 완화하는 조치를 취하기 시작했다. 그러자 저축은행산업에는 금리전쟁이 벌어졌고, 일부 저축은행은 두 자리 수의 금리상품을 제시하며 예금주들을 유혹하기 시작했다.

1980년의 조처로 다른 문제들이 야기되자 의회는 문제해결책을 다시 제시했는데, 해결책이라고 제시된 방안들은 문제를 해결하기보다는 더 악화시키는 역할을 했다. 1982년에 채택된 '간-세인트 저메인 법(Garn-St. Germain Act)'은 저축은행에 대한 규제를 더욱 완화시켜주어 이제 저축은행은 부동산 개발업체에 규제 없이 대출을 해줄 수 있게 되었을 뿐만 아니라, 개발회사를 설립하여 직접 투자를 할 수도 있게 되었다. 이 법이 주는 혜택을 잘 활용했다면 많은 저축은행들이 자산과 부채의 균형을 이룰 수 있었을 것이고, 나아가 건전한 재무구조를 갖출 수 있었을 것이다. 그러나 정부가 규제를 완화하자 저축은행들은 기다렸다는 듯이 건전한 주택담보대출을 줄이고 높은 수익률을 쫓아가기 시작했다. 그래프 7-1은 20여 년 동안 저축은행의 주택담보대출 비율이 어떻게 변화했는지 잘 보여주고 있는데, 시간이 지남에 따라 저축은행이 원래의 설립 취지와는 멀어지며 담보대출에 인색해지고 있다는 사실을 잘 알 수 있다.

표 7-2_ 1980년대 저축은행산업 악화 상황 요약

1980~1982: 미 의회는 금리 상한선을 폐지하기 시작한다. 그리하여 일반 은행과 저축은행들은 머니마켓 뮤추얼펀드의 금리와 경쟁할 수 있는 새로운 저축상품을 개발하여 판매할 수 있게 된다. 이와 더불어 연방저축대부보험공사의 계좌당 보험 커버 상한선도 4만 달러에서 10만 달러로 상향조정된다. 금리 상한선 5.5% 때문에 더 높은 금리를 찾아 저축은행에서 1980년에 대거 빠져나갔던 돈이 돌아오기 시작한다. 그러나 저축은행들은 1960년대와 70년대에 6% 미만이라는 저금리로 고정식 담보대출을 했기 때문에, 벌어들인 돈만으로는 새롭게 출시한 예금상품의 금리를 충당하지 못하는 위기에 처하게 된다. 결국 저축은행들은 수십억 달러의 손실을 냈고, 이

중 수백 개는 파산을 하고 만다. 그러자 1982년에 '간-세인트 저메인 법'이 통과되어 저축은행의 대출 및 투자에 대한 규제조건들이 풀린다.

. . . .

1980년대 중반: 대출붐이 일어 수십억 달러가 아파트, 사무용 건물, 그리고 다른 프로젝트 개발에 투자되었는데, 은행에서 돈을 빌려 개발을 하는 이런 개발붐은 미국 남서부 지역에서 절정을 이룬다. 많은 저축은행들은 과거에 대출해준 고정식 저금리 담보대출로 인해 보는 손실을 만회하기 위해 고수익 투자계획을 찾아 나선다. 갑작스럽게 정부의 규제가 완화되자, 수백 개의 저축은행에서 투기가 성행하고 대출과 관련한 부정사건이 흔해진다.

. . . .

1986년: 유가가 폭락하고 따라서 텍사스 경제도 붕괴된다. 오일붐에 편승하여 여기저기서 빌딩 건설에 나섰던 개발업자들이 부도를 내자 이들에게 대출을 해주었던 은행이 큰 피해를 입게 되는데, 불행하게도 이들이 담보로 잡았던 빌딩들은 제값을 받고 처분될 수 없게 된다. 그 결과 대부분의 저축은행들이 지불불능상태에 빠진다. 그러나 이들을 위기에서 구해야 하는 연방저축대부보험공사의 자본은 과거에 위기에 처했던 저축은행의 구제에 다 쓰여 자금이 고갈된 상태였고, 따라서 정부가 엄청난 자금을 다시 투입해야 하는 상황에 놓인다. 여기저기에서 파산한 저축은행들이 증가하자 죽어가는 이 금융기관들을 저렴하고 좋은 조건에 인수하려는 사람들이 나타난다.

. . . .

1988년-1989년: 정부가 긴급자금을 마련하여 대규모 구제를 실시한다.

그래프 7-1_ 과거 20년 동안 저축은행의 주택담보대출 감소 추세

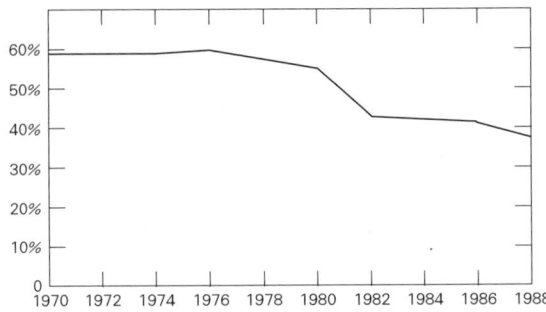

저축은행의 대출에서 모기지 증권을 제외하고 1~4인 가족을 위한 모기지 부채가 차지하는 비율

* 출처: 연방준비은행

1982년에 정부의 규제완화조치가 채택되고 새로운 사업환경이 조성되자, 저축은행들은 그때까지의 전략을 대대적으로 수정하기 시작했다. 대부분의 저축은행들은 아래 Information Box에서 살펴보듯이 사업의 목적이 무엇인지를 근본적으로 재평가하는 작업에 착수했다.

우리의 사업목적은 무엇이 되어야 할까?

어떤 기업이든 간에 "우리가 추구해야 하는 사업목적은 무엇이 되어야 할까?" 하는 결정을 내려야 한다. 그런 결정을 내리기 위해서는 다음과 같은 요소들이 평가되어야 한다.

1. 사업환경을 평가하고, 그 환경이 어떻게 변화하고 있고 앞으로 어떻게 변화할 것인지를 예측한다.
2. 어떤 면에서 경쟁력이 있는지, 그리고 그 경쟁요소가 어떻게 변화할지 그 가능성에 대해서 평가한다.
3. 기업의 장점은 무엇이고 약점은 무엇인지 장단점을 평가한다.

기업의 사업목적이나 임무를 '수익을 낸다'처럼 광범위하게 정하는 것도 문제지만, 기술 변화와 고객의 요구의 변화로 인해서 언제 시장에서 퇴출당할지도 모르는 상품이나 서비스 등에 초점을 맞추어 지나치게 구체적으로 정하는 것도 바람직하지 않다. 지나치게 협소한 목표를 정할 경우, 장래에 발전 기회를 놓칠 수 있을 뿐만 아니라 발전 가능성이 적어진다. 반대로 지나치게 광범위한 목표를 정할 경우, 구체적으로 행동에 옮겨야 할 때 우왕좌왕하게 된다. 그렇다면 어느 제조업체의 '미션 스테이트먼트'를 한번 살펴보자.

우리의 임무는 일차 계측, 분석, 유동액 흐름의 관리, 유압, 온도, 유동액 속성 등의 관리에 사용되는 장비들을 업체나 정부에 공급하는 것이다. 우리가 진출하고자 하는 시장은 석유 및 가스 생산, 가스 수송, 화학 및 석유화학 공정, 저온학,

발전, 항공우주공학 등의 분야이다. 또한 정부 및 해병대, 그리고 다른 장비 및 기기 생산업체들이다.[11]

　　한 회사의 사업목적 및 의무는 그것이 명문화되어 있든, 아니면 단순히 최고경영진의 마음속에 있든 간에 쉽게 변할 수 있는데, 불행하게도 과거에는 아무리 훌륭하고 바람직했던 사업목적이라도 어느 순간 헌신짝처럼 버려지는 일이 비일비재하다. 쉘록 저축은행이나 선벨트 저축은행의 경우처럼 지역 주민들의 이익을 위해 봉사하겠다는 초기의 취지가 시간이 흐르면서 잊혀져버린 경우가 많다. 1980년대 초, 정부의 규제가 완화되자 저축은행들은 사회에 봉사하겠다는 취지를 모두 잊고 장사꾼으로 변신했다. 그리하여 많은 저축은행 경영자들이 사업목표를 급성장으로 잡게 되었는데, 이들은 어떤 대가와 위험부담이 있더라도 성장만 하면 된다는 안이한 생각을 갖고 있었다. 은행 운영을 얼마나 잘하는가 하는 평가는 얼마나 수익성 있는 계획에 투자를 하는가와 그런 장사수완을 주변에 어떻게 보여주는가를 기반으로 이루어졌다. 그런 상황에서 장기적인 고객의 이익을 추구한다는 초기 목표는 고물로 전락하고 말았다.

think about this

"미션 스테이트먼트를 만드는 것은 시간 낭비에 불과하다. 우리 회사의 경영진은 가능하면 최대한의 수익을 내려고 노력할 것이다. 이것이 바로 투자가들의 최대 관심사 아닌가?" 이 발언을 평가해보시오.

저축은행의 문제를 해결하기 위해 제시된 '해결책들'은 기존의 방만한 저축은행 경영진의 관행을 타파하기는커녕 그들의 탐욕스러운 행동에 날개를 달아주는 역할을 했다. 특히 텍사스주에서는 무분별한 개발계획과 투기행위가 더 성행하게 되었다. 과거에 텍사스주는 주택구입가나 계획평가액보다 훨씬 낮은 액수만큼만 대출해주도록 법으로 규제를 했었다. 그러나 연방법이 개정되자 이런 규제조항이 사라졌고, 저축은행들은 실제 구매가가 평가액보다 훨씬 낮은 경우에도 평가액 전액을 대출해줄 수 있게 되었다. 물론 부동산 보유자와 결탁한 감정사들이 실제 액수보다 가격을 부풀려 평가를 하는 일도 비일비재했다.

또한 개발업자들은 연방예금보험의 혜택을 받아 저금리로 대출을 받아서는 주택이나 쇼핑센터를 개발하는 데 사용했다. 저금리로 대출을 받아 추진한 부동산 개발계획이 성공을 거두는 경우, 개발업자들은 말 그대로 대박을 터뜨렸고, 운이 나빠서 실패한 경우에도 큰 손해는 보지 않았다. 연방주택대출은행 이사회와 연방저축대부보험공사가 손실분을 다 보상해주었기 때문이다. 이 상황에 대해서 모건 스탠리(Morgan Stanley) 투자은행의 금융분석가인 아트 쏘터는 다음과 같이 지적하고 있다. "정부 당국은 현 예금보장보험제도가 투기를 더욱 부추길 것이라는 사실을 예측하지 못하는 우를 범했다." [12]

이 외에도 규제완화의 더 큰 문제점이 드러났다. 그것은 정부가 자기자본비율을 낮추어준 것인데, 과거에 정부는 저축은행에게 전체 예금고의 6% 수준의 자기자본을 유지해야 한다는 강제규정을 적용했었다. 그러나 이 산업 전반에 걸쳐 손실이 증가하고 자본보유현황도 악화되자, 1980년~1982년 2년 동안 저축은행산업 전체의 자본가치는

320억 달러에서 210억 달러로 떨어졌고, 저축은행들은 자기자본 규모와 상관없이 얼마든지 많은 예금을 예치할 수 있도록 허용을 받았다.

그러자 브로커성 예금들이 저축은행으로 몰려왔다. 주식브로커들은 고객들로부터 돈을 예탁받아 가장 수익성이 높은 저축은행에 예치했다. 이렇게 높은 금리를 찾아 몰려오는 자금 덕분에 저축은행산업은 급성장을 했다. 다음의 예는 이런 일시적인 급성장 현상을 잘 보여주고 있다.

아메리칸 디버시파이드 저축은행(American Diversified Savings)은 캘리포니아주의 로디라는 작은 시골 마을에 있던 영세 저축은행이었다. 1983년 6월에 이 은행의 자산규모는 1,100만 달러에 불과했다. 그러나 18개월이라는 단기간 동안 이 회사의 자산은 무려 7억 9,200만 달러로 급증했는데, 이는 고수익 예금증서에 끌린 브로커성 예금을 대거 유치한 덕분이었다. 민간항공기 조종사였다가 저축은행 사주로 변신한 이 은행의 사주 란히르 사흐니는 고객 예탁금의 대부분을 자신이 선호하던 지열에너지 발전소, 풍열에너지 발전소, 그리고 비료개발 벤처사업 등에 집중적으로 투자했다. 그 결과 1988년에 정부는 이 은행에 돈을 예치했던 예금주들에게 11억 달러에 달하는 돈을 물어주어야 했고, 결국 이 은행은 공중분해되고 말았다.[13]

저축은행 산업의 비극은 연방정부당국이 과거의 문제를 해결하기보다는 오히려 악화시킨 데에 있다. 정부는 능력 있는 관계 공무원들을 채용하는 데도 실패했고, 연방주택대출은행이나 연방저축대부보험공사의 재원을 재충당시켜놓지 못했다. 결국 이로 인해서 미국 남서부 지역 저축은행들은 한결같이 파산이라는 길로 들어서게 되었다.

정부의 위기타개책

저축은행들은 수십억 달러의 손실을 내고 있는데, 손실이 날 경우 보상을 해주기로 한 정부 금융기관들의 재원은 지불불능상태에 놓인 저축은행들을 대신하여 보상을 해줄 수 있을 만큼 충분치 않게 되었다. 그러자 1989년 8월, 의회는 긴급 구제자금 투입을 승인하게 되고, 대통령도 이 법안에 서명을 하게 된다. 그리하여 지불불능상태에 놓인 수백 개의 저축은행을 폐쇄하거나 매각하는 비용으로 1,660억 달러가 투입되었다.

이런 가운데 이미 목숨이 끊어졌거나 죽어가는 저축은행의 인수에 관심을 보이는 사람들을 유인하기 위해 의회는 문제의 저축은행을 인수하는 자는 그 전의 오너가 내지 못해 누적되어 있는 세금을 내지 않아도 된다는 법을 통과시켰다. 이 결정으로 연방정부의 수입과 기타 세금 수입이 현저히 감소하게 됨에 따라 정부의 적자가 증가하자, 일반 국민들이 부담해야 하는 몫은 늘어나게 되었고, 반대로 정부가 국민들에게 제공해주던 서비스의 양과 질은 감소하게 되었다. 그리고 정부 수입 감소분을 충당하기 위한 다른 세금이 제정되었다.

이런 혜택도 모자라서 연방주택대출은행 이사회는 새로운 인수자에게 더 좋은 거래조건을 제시했다. 수익을 내지 못하는 포트폴리오(nonperforming portfolios)에 대해서 손실분을 보전해줄 뿐만 아니라, 수익을 내는 포트폴리오(performing portfolios)가 손실을 낼 경우에도 이를 보전해줄 것이라는 약속을 한 것이다. 예를 들어 금리에 갑작스런 변동이 발생하여 자산의 가치가 하락할 때, 저축은행이 후에 이로 인해 손실을 입을 경우 이사회에서 보상을 해준다는 조건이었다. 이런 정부의 약속이야말로 인수자들에게는 금맥이었다. 이런 상황에 대해서 〈배론스(Barron's)〉지는 다음과 같이 평가하고 있었다.

인수자가 계약서에 서명을 하는 순간부터 그에게는 이 은행의 손실액 10억 달러를 감축해주는 혜택이 주어졌다. 그리고 기업세를 40% 인하해준다는 조건만으로도 첫해에 4억 달러를 절약할 수 있게 되었다. 다시 말해 5,000만 달러만 투자하면 순식간에 8배의 수익을 낼 수 있게 된 것이다.[14]

1988년 12월, 40세의 텍사스주 억만장자 로버트 배스는 캘리포니아주 스톡턴에 있는 아메리칸 저축은행(American Savings and Loan)을 인수했는데, 이 은행의 인수조건은 미국의 최고 거부 중 하나였던 배스에게는 말 그대로 완벽한 조건이었다.

아메리칸 저축은행은 한때 미국에서 가장 큰 저축은행 중 하나로 명성을 날렸는데, 다른 저축은행들과 마찬가지로 브로커들의 예탁금과 위험도가 높은 대출로 인하여 위기에 처하게 된다. 그러자 연방주택대출은행 이사회는 1984년에 아메리칸 저축은행에 대해 대대적인 감사를 벌여 경영진을 새롭게 구성하도록 했다. 그러나 새로운 경영진 역시 도박성 대출에 나섰고, 결국 경영쇄신에 실패했다. 그리고 이 은행은 새로운 주인을 물색하게 되는데, 연방주택대출은행 이사회는 배스에게 단독협상권을 부여한다.

거래과정에서 아메리칸 저축은행은 두 개의 회사로 나뉘게 되는데, 한쪽은 154억 달러의 우량자산을 지닌 건강한 저축은행으로, 다른 쪽은 실패한 대출로 인해 처분해야 할 144억 달러의 '불량' 저축은행으로 나뉜다. 아메리칸 저축은행 인수에 배스가 투자한 돈은 겨우 5억 달러에 불과했는데, 이 액수로 그는 우량자산 쪽인 지점이 186개나 되는 저축은행 오너십의 70%를 갖게 되었다. 더욱 운이 좋은 것은, 이 저축은행 자산의 반 이상이 '불량' 저축은행에 물려 있었는데, 이 부분에 대해서 연방저축대부보험공사에서 원래 들어간 비용에 2%의 추가 이자를 얹어서 보상을 해주기로 한 것이다. 이 외에도 인수조건에는 배스가 3억 달러의 세금공제 혜택을 받는다는 조건이 들어가 있었다.

이 모든 조건을 감안해보면, 배스는 5억 달러를 투자해서 향후 4년 동안 그 투자액과 맞먹는 4억~5억에 달하는 순수익을 누릴 수 있게 된다는 계산이 나온다.[15]

1980년대의 저축은행은 성공적인 관리가 불가능했을까?

앞에서 살펴보았듯이 1988년에 이르러 미국 전체 저축은행의 3분의 1은 지불불능상태에 빠졌거나 아니면 그 직전 상태에 놓여 있었다. 1987년의 상황을 보면, 630개 저축은행의 손실액은 무려 75억 달러에 이르렀는데, 이는 다른 저축은행 2,500개가 벌어들인 수익의 반이나 되는 거액이었다.

그렇다면 그런 비극적인 상황에서도 성공적으로 저축은행을 운영한 사례가 있을까? 투기적인 유행을 따라가지 않았던 건실한 저축은행은 전혀 없었던 것일까? 아니다! 있었다.

선코스트 저축은행

플로리다주 할리우드에 있는 선코스트 저축은행(Suncoast Savings and Loan Association)은 미국 남동부 지역에서 일찍부터 주택담보대출 서비스를 제공하기 시작한 대형 저축은행 중의 하나이다. 이 저축은행은 지나친 변동폭으로 인해 야기되는 금리 관련 위험도를 줄일 수 있는 전략을 채택하여 실천했다. 앞서 보았듯이 저축은행의 문제는 대부분 금리가 상승하자 장기 고정금리식 주택구입대출은 은행에 이익을 주기는커녕 손실을 야기했고, 반대로 경쟁적으로 높은 이자를 지불해야 하는 저축상품을 유치하느라 결국 은행들의 손실이 더 커질 수밖에 없었다는 데에 있다.

그렇다면 이런 상황에서 선코스트는 어떻게 위험을 줄일 수 있었을까? 선코스트 저축은행은 자체적으로 모기지 대출 서비스를 해주는 한편 모기지를 구매하고 재판매하는 전략을 구사했다. 다시 말해서 선코스트 본사와 지점들은 모기지 대출을 직접 해주거나, 아니면 다른 곳에서 한 대출을 구입해서 이를 2차 시장에 재판매하는 전략을 택한 것이다. 비록 재판매이기는 했지만 이 모기지에 대한 서비스 권한(servicing rights)은 그대로 보유하고 있었다. 이것이 바로 선코스트의 큰 소득원이 되었다.

이렇게 모기지 구매와 재판매로, 그리고 자체 대출 서비스 능력을 상호 보완하여 선코스트는 경영 문제를 슬기롭게 넘겼던 것이다. 예를 들어 금리가 하락할 때는 많은 사람들이 좋은 조건으로 주택을 구입하려고 하기 때문에 모기지 대출 수요가 늘어나기 마련이다. 그러나 반대로 금리가 상승할 때는 당연히 대출 수요가 줄어든다. 이 경우 기존의 모기지 보유자들은 조건을 그대로 유지하기를 원하기 때문에 대출 서비스가 상당히 증가하게 된다.

한편 선코스트는 월스트리트의 투자은행들과 거래하면서 위험 가능성을 더욱 줄였는데, 이 거래에서 월스트리트 투자은행들은 상호 합의한 금리와 특별 디스카운트 조건으로 특정일 지정 주택대출채권 담보부증권을 구입했다. 이 보수적인 접근책은 비용이 많이 들어가긴 했지만, 금리상승으로 인해 야기되는 위험은 많이 줄일 수 있었다. 이런 보수적인 경영전략 덕분에 선코스트의 자산은 1987년과 1988년 사이에 두 배로 증가했고, 주당 순수익도 1987년의 60%에서 1988년에는 98%로 상승했다. 그리고 1988년 12월 21일에 선코스트의 모기지 대출액은 1987년의 11억 달러에서 27억 달러로 증가했다. 또한 자기자본 이익률도 1988년에는 14%나 되었다.[16]

보스턴 뱅코

보스턴 뱅코 매니지먼트(Boston Bancorp Management)는 저축은행 분야 외로는 사업을 확장하지 않기로 결정을 내렸다. 소매 저축구좌와 가정용 주택담보대출에 중점을 두는 기존 정책이 관련 비용만 크게 상승하지 않는다면 충분히 수익성이 있다고 판단했기 때문이었다.

보스턴 뱅코는 이 결정을 충실히 따랐고, 목표를 달성했다. 보스턴 뱅코는 '투기성 개발계획'에 대해서는 투자를 제한했으며, 네 개의 지점만을 보유한 채 보스턴의 중산층 가정을 대상으로 한 모기지 대출에 특히 중점을 두었다. 보스턴 뱅코의 자금은 주로 일반 가정의 주택구입대출, 아파트 빌딩 등 상업용 대출, 고품질 정부채권, 대기업 주식 등 위험도가 극히 낮은 부분에 투자되었다. 이런 보수적인 접근책으로도 보스턴 뱅코의 자기자본이익률은 18%가 넘었고, 총 자산은 14억 달러까지 증가했다.[17]

이런 보수적이고 절제적인 경영스타일로 성공을 거둔 저축은행들은 또 있다. TCF 저축은행(TCF Banking and Savings)이 또 하나의 성공 사례이다. 1980년대 중반에 새로운 경영진이 이 저축은행을 인수하며 가장 먼저 한 일은 35명 임원의 호화 사무실과 명패를 없앤 일이었다.[18]

〈유에스에이 투데이〉는 저축은행산업 전반이 위기를 겪고 있는데도 슬기로운 경영으로 위기를 헤쳐나간 사례들을 소개한 바 있는데, 이렇게 성공한 저축은행들에게는 물론 공통점이 있었다. 그것은 대형 부동산 개발계획이나 브로커들의 예탁금을 쫓기보다는 평범한 일반 가정용 주택구입대출에 중점을 두는 신중한 성장을 추구하면서 동시에 대고객 서비스 개선을 위해 끊임없이 노력했다는 점이다.[19]

아래 Information Box에서는 리더십과 전략수행능력에 대해서 살펴보기로 하자.

절제된 리더십의 필요성

흔히 자신이 가진 권력을 마음대로 휘두르는 것을 리더십이라고 착각하기
쉽다. 어떤 정책이 어떤 위기를 초래할지를, 혹은 어떤 긍정적인 결과를 가
져다줄지를 제대로 평가하지 않고, 합리적인 수단이 아닌 불법적인 수단
으로 정책을 실천에 옮기는 것이 리더십이라고 생각하는 사람들이 있다.
또한 경비의 사용을 무조건 억제하는 것이 리더십 덕목의 일부라고 생각
하는 사람들도 있다. 불행하게도 이런 사고방식을 가진 사람들은 관련 기
업과 연관된 수많은 사람들의 이익에는 별 관심을 보이지 않는다. 이런 권
력남용현상은 특히 미국 남서부 지역의 오일붐과 부동산개발붐에서 보았
듯이 경제에 대해서 낙관적인 예측이 팽배해 있을 때 더욱 기승을 부린다.

　비정상적인 길에 대한 유혹이 더 강해질 때일수록 절제와 원칙이 더욱
필요하다. 다시 말해서, 늘 한 번 더 생각하고 행동하며, 기회를 신중하게
평가하고 기업의 재원이나 경영진의 능력 밖에 있는 것은 포기할 줄 아는
지혜를 갖춰야 한다는 뜻이다. 일반적으로 경영진은 거침없는 성장과 절
제된 성장 사이에서 고민하게 되는데, 지나치게 보수적인 경영도, 지나치
게 공격적인 경영도 기업의 발전에는 도움이 되지 않는다. 지나치게 보수
적인 경영을 하는 경우에는 기업에게 다가오는 기회를 잡지 못할 뿐더러
경쟁업체에 비해서 경쟁력이 떨어지게 된다. 물론 지나치게 위험도가 높
은 길을 선택하여 회사 전체를 위기에 몰아넣는 것보다는 극도의 보수적
인 정책을 취하는 것이 더 나을 수도 있다. 무엇보다 중요한 것은 기업이
살아남기 위해서는 무엇에 주안점을 두어야 하는지를 확실히 하는 것이
다. 기업 전체의 생존을 갖고 도박을 하는 일은 라스베가스에서조차도 용
납되지 않는 일이다.

누구에게 책임을 돌려야 할까?

1980년대에 저축은행이 겪은 위기는 1930년대의 경제 대공황 이래 가장 심각한 위기였다. 이 저축은행의 위기가 더욱 크게 느껴졌던 이유는, 아주 작은 마을의 저축은행들은 물론 대도시의 대형 저축은행들도 타격을 입었기 때문이고, 경제 위기를 겪고 있는 지역뿐만 아니라 한창 경제붐이 일고 있는 지역에서도 파산사태가 발생했기 때문이었다. 무엇보다 심각한 문제는 저축은행을 구제하는 것은 세금을 내는 일반 시민들이었고, 그 비용만 해도 수천억 달러가 소요되었다는 사실이다.

도대체 어쩌다 그런 일이 벌어졌을까? 그런 사태를 사전에 피할 방법은 없었을까? 도저히 피할 수 없었다면 적어도 왜, 어떻게 그런 상황이 발생했는지 그 이유를 분석해보고 차후에는 같은 일이 반복되지 않도록 하는 방법을 배워야 하지 않을까?

일부 전문가들은 저축은행의 경영진도 어쩔 수 없었던 외부적인 환경 변화 때문에 그런 일이 발생했다고 설명한다. 저축은행의 경영진도 피해자라는 얘기다. 어떤 전문가들은 모든 책임은 정부에게 있다고 주장한다. 고금리 시대에, 게다가 추가 금리상승이 예측되는 시기에 정부는 문제가 발생하기만 하면 다 보상해주겠다는 턱없는 약속을 했고, 자기자본비율에 대한 규제 등 전반적인 규제를 완화하는 조치를 실시함으로써 저축은행들이 고유의 사업영역인 가정용 주택구매 모기지를 벗어나 투기성 사업에 투자하도록 유도했다는 것이 이들 전문가들의 주장이다. 물론 오일붐과 부동산가치가 그렇게 순식간에 무너지리라고는 아무도 예측할 수 없었다.

물론 이런 외적인 요건만으로 실패한 저축은행 경영진에 '면죄부'가 주어지지는 않는다. 수백 개의 저축은행이 방만한 경영으로 파산했지만 많은 저축은행들은 살아남았다. 생존한 정도가 아니라 성장을 했다. 그런 점에서 환경적인 요인 때문에 실패했다는 변명은 통하지 않는다. 어떤 위기에서도 현명하고 절제된 경영을 하면 위기는 피해갈 수 있다는 얘기다. 특히 급격히 일기 시작한 경제붐이 영원히 계속될 것이라고 믿는 것은 정말 어리석은 일이다.

그렇다면 저축은행 실패의 최종 책임은 누가 져야 하는가? 당연히 일차적인 책임은 이런 위기를 비껴가지 못한 경영진이 져야 할 것이다. 특히, 원래의 설립 취지에서 벗어나 투기성 계획에 은행 전체의 운명을 걸었던 사람들은 어떤 이유로도 책임을 면할 수 없다. 이들은 특히 두 가지 면에서 큰 실수를 범했다.

첫째는 흥청망청하며 비용을 낭비했던 점인데, 상호저축은행의 전형적인 사업분야인 모기지사업의 수익이 그리 크지 않을 때도 이들은 무절제한 파티 등으로 은행예산을 낭비했다. 둘째는 투자가 아닌 투기를 했다는 점인데, 정부의 규제가 풀리자마자 이들은 더 높은 위험을 찾아 은행자산으로 도박을 했다. 여기에다 사기, 부정, 예산유용 등 화이트컬러가 저지르기 쉬운 각종 부정부패행위가 더해졌다. (물론 이런 행위를 적발하지 못한 정부당국의 무능으로 상황은 더 악화되었다. 그러나 어디까지나 정부에게는 이차적인 책임이 있고, 일차적인 책임은 경영진의 실수에 있다고 봐야 한다.)

결론

병들어 죽어가고 있는 금융기관들과 그 위기를 넘기고 살아남은 금융기관들을 비교해보면서 어떤 결론을 도출할 수 있을까?

때로는 위기가 기회를 창출한다

이 장에서 우리는 사업환경이 부정적으로 변하더라도 새로운 환경에 맞게 정책을 조정하는 능력을 갖춘 기업은 살아남을 수 있다는 사실을 확인했다. 포기하지 않고 위기를 포용하면서 그것을 기회로 바꿀 수 있는 기업은 생존할 수 있는 것이다. 넉넉한 자본을 보유하고 있으며 위기에 처한 저축은행을 인수하여 변신을 모색할 의도가 있는 개인이나 기업에게 이 산업 전체의 위기는 새로운 기회로 작용했다. 특히 정부가 부여하는 여러 가지 혜택 덕분에 이 기회는 이들에게 금맥이나 마찬가지였다. 산업 전체가 위기에 처해 있었지만 건전한 성장을 추구한 저축은행에게는 위기도 기회로 작용했고, 그나마 이들 덕분에 저축은행 전체의 이미지가 완전히 망가지는 것을 막을 수 있었다.

지나치게 공격적인 경영이나 지나치게 보수적인 경영 모두 위험하다

실패한 저축은행들의 경우 대부분 실패의 원인은 공격적이다 못해 방만한 경영에 있었다. 물론 미국 남서부 지역에서 일기 시작한 유전개발붐과 부동산붐이 계속되었다면 투기성 계획에 많은 돈을 대출해준 저축은행들은 그 열매를 거두었을지도 모른다. 그러나 불행하게도 이들의 도박은 대재앙으로 끝나고 말았다. 문제는 이런 무절제하고 방만한 태도가 시대가 바뀌어도 계속되고 있다는 데 있다. 이런 투기행위의 기원은 1634년 네덜란드로 거슬러 올라가는데, 당시 튤립 구근의 가격이 폭등하자 많은 사람들이 앞 다투어 이 분야에 투기를 했고, 그로 인해 수많은 사람들이 낭패를 보았다.

물론 극단적인 보수주의도 문제가 없는 것은 아니다. 바로 뒤에서 살펴보겠지만, 환경은 늘 변한다. 변화하지 않는 사업환경은 절대 없다. 아주 작은 위험부담조차도 지지 않으려고 하면 절대로 다가오는 기회를 잡을 수 없다. 환경의 변화에 맞추어 사업전략과 정책을 변화시키는 능력이 있는 기업만이 살아남을 수 있다.

누구나 다 아는 사실이지만, 지나치게 공격적인 경영과 지나치게 보수적인 경영의 중간, 즉 적당히 보수적이면서 새로운 변화에 적응할 줄 아는 기업만이 지속적으로 성장할 수 있다.

환경 변화에 적응하려면 기업도 변해야 한다

주변에 변화의 물결이 밀려올 때 이 변화에 대한 인간의 반응 정도는 크게 다음과 같이 구분지어 볼 수 있다.

환경 변화에 대한 인간의 대응 정도		
절대 변화 불가, 융통성 0	적당히 적응	혁신 모색

기업의 사업환경 적응도도 크게 다르지 않다. 기업이 보수적인 성향을 지닐수록, 변화에 대한 저항도가 높을수록 왼쪽에 위치하게 되고, 반대로 새로운 아이디어를 끊임없이 개발하고 추구할수록 오른쪽에 위치하게 된다.

어느 정도 연관성이 있긴 하지만, '적당히 적응'이라는 표현과 '혁신 모색'이라는 표현 사이에는 엄연히 큰 차이가 있다. 적응을 모색한다는 점에서는 공통점이 있지만, 적응 정도에 있어서는 큰 차이가 있기 때문이다. '혁신 모색'이라는 표현은 상황의 개선 등을 포함하여 적극적이고 획기적인 변화를 모색하는 것을 의미하는 반면, '적당히 적응'이라는 표현은 변화하는 환경에 적응하려고 노력은 하되 적당한 선에서 타협한다는 의미를 지닌다.

어떤 면에서는 큰 실패를 겪은 저축은행들도 변화하는 환경에 적응을 했다고 볼 수 있다. 정부의 규제완화조치 발표 이후, 정책 조정을 모색했기 때문이다. 문제는 이들의 정책이 위험도가 극히 높은 투기성계획에 초점을 맞추는 쪽으로 선회했다는 데에 있었다. 그렇기 때문에 갑작스럽게 부동산 가격이 하락하고 정부의 새로운 규제장치가 대두

하자 이에 적응하지 못하고 지불불능상태에 이르게 된 것이다.

무절제한 팽창과 지출을 경계해야 한다

우리는 절제된 지출과 경영, 그리고 무절제한 지출과 방만한 경영이
각각 어떤 결과를 초래하는지를 저축은행의 사례에서 배웠다. 경영진
의 사치성 지출은 특히 이들에게 큰 함정이었다. 물론 사업이 잘되어
가고 있으며 향후 전망도 좋은 것처럼 보이기 위해서 기업이나 개인
차원에서 돈 자랑을 하고 싶은 유혹은 떨쳐버리기 쉽지 않을 것이다.

실패한 저축은행들은 대부분 이런 무절제한 지출에 대한 유혹을 뿌
리치지 못했다. 이들은 엄청난 돈을 들여 매일 파티를 하고, 대규모 시
설을 건설하는 데 돈을 투자하고, 자가용 비행기를 구입했으며, 값비
싼 예술품을 모으는 데도 돈을 뿌려댔다.[20]

반면 살아남을 수 있었던 저축은행들은 신중하고 절제된 경영을 했
다. 이들은 무절제한 팽창과 지출을 경계했으며, 그 결과 살아남아 번
영하고 있다. 이런 절제된 경영 덕분에 한때 호화판으로 놀면서 사람
들의 부러움을 사던 경쟁 저축은행들을 인수할 수 있는 상황에까지 이
른 것이다.

물론 사업상의 파티나 호화로운 지출이 불가피하다는 의견도 있다.
이런 이벤트를 통해 기업이 성공을 거두었을 뿐 아니라 계속해서 발전
하고 있다는 이미지를 대중에게 줄 수 있고, 다른 한편 그 덕분에 새로
운 사업을 유치할 수 있기 때문이다. 물론 미래의 발전을 위해서 어느
정도 계산된 지출은 이해될 수 있겠지만, 일반적으로 효율적인 경영과

과도한 지출은 절대로 양립할 수 없다. 주주들이나 채권자들도 경영진의 무분별한 행동에는 언제든 제동을 걸어야 한다.

정부의 지나친 보장책은 오히려 기업을 망친다

정부기관인 연방주택대출은행 이사회와 연방저축대부보험공사에서 구좌당 10만 달러까지 보상을 해준다는 정부의 보상책은 많은 저축은행들이 투기성 투자를 하고 부정거래를 하는 데 결정적인 역할을 했다. 이들 저축은행의 경영진은 투기를 해서 실패할 경우에도 정부가 보상을 해주기 때문에 전혀 문제가 없을 거라고 예금주들을 부추겨 자금을 모았다. 그러나 문제는 그렇게 간단하지 않았다. 물론 예금주들은 정부에 의해서 보호를 받았지만, 이에 들어간 비용은 전부 정부와 세금을 내는 선량한 시민의 몫으로 남았다. 그리고 문제는 거기에서 끝나지 않았다. 상황을 그렇게까지 몰고 간 저축은행의 경영진들은 자리에서 축출되었고, 심한 경우 구속되어 감옥에 가는 일까지 발생한 것이다.

정부의 법개정 및 규제완화조치는 정부의 지원이나 보호에 지나치게 의존하는 사람들에 의해 '악용될' 소지가 항상 있다. 정부의 법개정은 많은 경우 실패로 끝났다. 1980년대 초에 저축은행산업을 구제하기 위해 채택되었던 법의 경우만 보아도, 저축은행산업을 구제하기보다는 투기의 광풍 속으로 몰아넣어 결국 산업 전체의 파멸을 가져왔다. 사실 어떤 금융기관도 당시의 분위기에서는 투기에 대한 유혹을 이겨내기가 쉽지 않았을 것이다.

다음 질문에 답해봅시다

❶ 저축은행산업의 사례에서 내린 결론은 정부의 '보상책' 부분을 제외하고는 대부분 인터넷업체에게도 적용될 수 있다고 생각하는가? 그렇지 않다면 그 이유는 무엇이라고 생각하는가?

❷ 정부가 저축은행산업을 구제하기 위해서 그랬듯 통신 및 인터넷업체들을 위해서도 구제금융을 실시했어야 한다고 생각하는가? 그렇다고 생각하면 그 이유를, 그렇지 않다고 생각하면 그 이유를 설명하시오.

❸ 인터넷 및 통신산업 문제와 저축은행산업 문제 간에는 어떤 중요한 차이가 있다고 생각하는가?

❹ 오일붐과 부동산붐이 계속되었다면 고금리를 보장한 관련 포트폴리오들이 높은 수익을 올렸을 것이라고 지적하는 저축은행 경영진의 주장에 어떤 반응을 보이겠는가?

❺ 기회주의에 편승한 투기성 투자와 금융기관에서 용납하지 않는 부정행위는 구분되어야 할 것 같다. 두 행위 사이에 어떻게 선을 긋겠는가? 결국 두 가지 행위 모두 금융기관들을 파멸로 몰고 가지 않았는가?

❻ "에드워드 맥버니의 가장 큰 결점은 호화로운 생활을 즐기는 점이다." 이 결론이 옳다고 생각하는가? 그렇다고 생각하면 그 이유를, 그렇지 않다고 생각하면 그 이유를 설명하시오.

❼ 이 장의 사례들을 보면 '화려하고 거대한 사옥'을 보유하려는 시도는 투자가들의 입장에서 보면 바람직하지 않을 수 있다는 결론을 도출할 수 있다. 호화로운 건물을 보면서 경영진이 방만한 경영을 하지 않나 의혹을 품을 수 있기 때문이다. 이런 결론에 대해서 어떻게 생각하는가?

그때 내가 그 자리에 있었다면

❶ 때는 1980년대 중반이고 본인이 중간 규모 상호저축은행의 감사라고 생각해보자. 이 저축은행의 최고경영자는 호화로운 생활을 즐기는 자로서, 이미 본사사옥이 있는데도 불구하고 호화로운 사옥을 다시 건설하겠다는 발표를 했다. 회사의 고급스러운 이미지를 보여주기 위해서 불가피하다는 것이 그의 주장이다. 이 결정을 뒤집기 위한 반대의견을 체계적이고 설득력 있게 제시해보시오.

❷ 이번에는 본인이 실패한 닷컴기업의 창업자라고 생각해보자. 주당 100달러 정도까지 치솟았던 주가는 이제 1달러 수준으로 곤두박질쳤고, 수억 달러에 달하던 자산도 다 증발해버려 거의 제로상태가 되었다. 이제는 이 회사를 인수할 사람의 처분만 바라는 상태가 되었다. 이 상태에서 기분은 어떤지, 미래를 어떻게 구상하고 있는지(예를 들어 계속 사업을 하고 싶다거나), 위기를 타개하기 위해 무엇을 하고 싶은지 상세히 제시해보시오.

그룹 토론을 해봅시다

❶ "부동산 가격이 폭락하지만 않았다면 부동산 개발업자들에게 대출해주었던 자금들은 고수익을 올리는 황금알을 낳는 거위가 될 수도 있었다. 도대체 어느 누가 부동산 가격이 그처럼 폭락할 것이라고 예측할 수 있었겠는가?" 이 주장을 놓고 찬반양론으로 나뉘어 토론을 해보시오.

❷ 첨단기술에 대한 투자에는 언제나 위험부담이 따르는 법이다. 이런 위험부담을 껴안지 않으면 절대로 혁신을 이룰 수가 없다. 이 주장에 대해 찬반토론을 해보시오.

더 연구해봅시다

현재 저축은행산업의 현황은 어떠한가?

하이테크 관련 주식은 다시 살아났는가?

그리하여 새로운 사업가들이 등장할 만한 분위기가 조성되었는가?

주

1 성공적인 창업과 성장 사례

1 1993년까지는 오피스맥스에 대해서 쓴 기사나 글이 거의 없었다. 그렇기 때문에 그 전에 일어난 일에 대해서는 마이클 퓨어가 여러 경영대학원에서 했던 연설문을 참조하였다.

2 John R. Brandt, "Taking It to the Max," *Corporate Cleveland* (September 1988), p.17.

3 John Merwin, "Have You Got What It Takes? *Forbes* (August 3, 1981), p.61.

4 1988 오피스맥스 연례보고서

5 Ibid.

6 Teresa Dixon Murray, "OfficeMax Predicts Shortfall in Earnings," *Cleveland Plain Dealer* (October 7, 1998), pp. 1C, 2C; "OfficeMax Opens New Stores While Sales Lag at Old Ones," *Cleveland Plain Dealer* (October 29, 1998), p.26.

7 Mya Frazier, "Bad Day at the Office 〈Supplier〉," *Cleveland Plain Dealer* (March 7, 2001), p. C1.

8 Bill Lubinger, "Office Depot Is Taking on OfficeMax,", *Cleveland Plain Dealer* (October 25, 1995), p. C1.

2 고가전략과 절제된 성장정책의 성공사례

1 Jenny McCune, "Brewing Up Profits," *Management Review* (April 1994), p.18.

2 Ibid. p.19.

3 McCune, p.20.

4 Patricia Sellers, "A Whole New Ballgame in Beer," *Fortune* (September 19, 1994), p.86.

5 Ibid.

6 "Boston Beer's Plan for Offering Stock," *New York Times- National Edition* (August 26, 1995), p. 20.

7 "Little giants," *Beverage-World* (December 1994), p.26.

8 "Sam Adams Brewer May Be On Block," *Boston-Business-Journal* (February 24, 1995), p.3.

9 Hillary Chura, "Boston Beer Crafts Strategy: Slumping Brewer Abandons Some of Its Specialty Beers," *Advertising Age* (November 8, 1999), p. 20.

10 McCune 저서 참조, p. 16.

3 위기관리의 귀감

1 Susan Tifft, "Poison Madness in the Midwest," *Time* (October 11, 1982), p.18.

2 "Tylenol Comes Back as Case Grows Cold," *Newsweek* (April 25, 1983), p.16.

3 Thomas Moore, "The Fight to Save Tylenol," *Fortune* (November 29, 1982), p.48.

4 Ibid. p.49.

5 Judith B. Gardner, "When a Brand Name Gets Hit by Bad News," *U.S. News & World Report* (November 8, 1982), p.71.

6 Carin Rubenstein, "The Tylenol Tradition," *Psychology Today* (April 1983), p.16.

7 "Package Guides Studied," *Advertising Age* (October 18, 1982), p.82.

8 Richard W. Stevenson, "Johnson & Johnson's Recovery," *New York Times* (July 5, 1986), pp. 33-34.

9 신입 사원 채용을 위한 안내 자료와 기업 연례 보고서에서

10 Thomas Easton and Stephen Herrera, "J&J's Dirty Little Secret," *Forbes* (January 12, 1998), p.44.

11 "Lessons That Emerge from Tylenol Disaster," *U.S. News & World Report* (October 18, 1982), p.68.

12 "J & J Will Pay Dearly to Cure Tylenol," *Business Week* (November 20, 1982), p.37.

4 변화하지 못하여 위기를 불러온 사례

1 Kenneth Labich, "Hot Company, Warm Culture," *Fortune* (February 27, 1989), p.75.

2 D. Woodruff, "Herman Miller: How Green Is My Factory?" *Business Week* (September 16, 1991), pp. 54-55.

3 Ibid.

4 Ibid.

5 Justin Martin, "Broken Furniture at Herman Miller," *Fortune* (August 7, 1995), p.32.

6 Marcia Berss, "Tarnished Icon," *Forbes* (July 31, 1995), p.45.

7 Woodruff, p.55.

8 Brian Zajac, "The Best of the Biggest," *Forbes* (January 10, 2000), pp. 84, 85.

9 "Reinventing Herman Miller," *Business Week* (April 3, 2000), p. EB88; and Ashlea Ebeling, "Herman Miller: Furnishing the Furture," *Forbes* (January 10, 2000), pp. 94-96.

10 Kenneth Labich, "Why Companies Fail," *Fortune* (November 14, 1994), p.53.

5 평등한 합병이란 것이 과연 가능할까?

1 Alex Taylor III, "U.S. Cars Come Back," *Fortune* (November 16, 1992), p.85.

2 "A Deal for the History Books: The Auto Takeover May be Remembered for All of the Wrong Reasons," *Newsweek* (December 11, 2000), p.57.

3 Williams J. Holstein, "The Conquest of Chrysler," *U.S. News & World Report* (November 27, 2000), p.54.

4 Jerry Flint, "Free Chrysler!" *Forbes* (October 30, 2000), p.132.

5 Alex Taylor III, "Can the German Rescue Chrysler?" *Fortune* (April 30, 2001), P.109.

6 Ibid.

7 "Daimler Threatens to Drop Some Suppliers," Bloomberg News as reported in *Cleveland Plain Dealer* (February 28, 2001), p.6C.

8 Detroit manufacturing consultant Ron Harbour, as reported in *Fortune* (April 30, 2001), p.110.

9 Talyor, p.107.

10 Holstein, "The Conquest of Chrysler."

11 Joseph B. White, "Head of Truck Maker Freightliner Is Leaving Post," *Wall Street Journal* (May 25, 2001), p. A4.

12 "Can the Germans Rescue Chrysler?", pp. 106-107.

13 Holstein, p.69.

14 "A Deal for the History Books," p.57.

15 Robyn Meredith, "Batman and Robin," *Forbes* (March 5, 2001), pp. 67, 68; Jerry Flint, "Free Chrysler," *Forbes* (October 30, 2000), p. 132

16 Holstein, p.56.

17 Flint, p. 132.

18 "Can the Germans Rescue Chrysler?", p.109.

19 Ibid.

20 Seth Schiesel, *New York Times*, reported in *Cleveland Plain Dealer* (June 3, 2001), p. 1H.

6 마케팅 리서치가 최선의 결정을 보장해줄까?

1 John S. Demott, "Fiddling with the Real Thing," *Time* (May 6, 1985), p.55.

2 Thomas Oliver, *The Real Coke, The Real Story* (New York: Random House, 1986), pp. 155-156.

3 John Greenwald, "Coca-Cola's Big Fizzle," *Time* (July 22, 1985), p.48.

4 Ibid.

5 Ibid. p.49.

6 James E. Ellis and Paul B. Brown, "Coke's Man on the Spot," *Business Week* (July 29, 1985), p.56.

7 "New Coke Wins Round 1, But Can It Go the Distance?" *Business Week* (June 24, 1985), p.48.

8 "Pepsi's High-Priced Sell Is Paying Off," *Business Week* (March 4, 1985), pp. 34-35; "Is Coke Fixing a Coke That Isn't Broken?" *Business Week* (May 6, 1985), p.47.

9 John H. Taylor, "Some Things Don't Go Better with Coke," *Forbes* (March 21, 1988), pp. 34-35.

10 Thomas Moore, "He Put the Kick Back into Coke," *Fortune* (October 26, 1987), pp. 47-56.

11 Ibid. p.48.

7 우리는 왜 과거의 실패에서 배우지 못할까?

1 Ann Grimes, "The Lawyer," *Wall Street Journal* (July 16, 2001), p. R8.

2 더 자세한 내용은 Brooks Barnes가 쓴 다음 기사를 참고 바람. "The Turnaround Expert," *Wall Street Journal* (July 16, 2001), p. R18.

3 F. Howard Rudnitsky and John R. Hayes, "Gunbelt S&L", *Forbes* (September 19, 1988), p.120.

4 "Why Our S&Ls Are In Trouble," *Reader's Digest* (July 1989), pp. 70-74.

5 "Small Town's Dreams Vanish," *Cleveland Plain Dealer* (August 13, 1989), p. 3C

6 Margaret Carlson, "$1 Billion Worth of Influence," *Time* (November 6, 1989), pp. 27-28.

7 Denise Kalette, "Callers Want S&L Cheats Punished," *USA Today* (February 15, 1989), p. B1.

8 John Paul Newport, Jr., "Why We Should Save the S&Ls," *Fortune* (April 11, 1986), p.81.

9 Robert E. Norton, "Deep in the Hole in Texas," *Fortune* (May 11, 1987), p.61.

10 John J. Curran, "Does Deregulation Make Sense?" *Fortune* (June 5, 1989), pp. 184, 188, 194.

11 John a. Pearce II, "The Company Mission as a Strategic Tool," *Sloan Management Review* (Spring 1982), p.17.

12 Curran, *op, cit.*, p.188.

13 Curran, *op, cit.*

14 Benjamin J. Stein, "Steal of the Century?" *Barron's* (February 20, 1989), p.7.

15 S.C. Gwynne, "Help Your Country and Help Yourself," *Time* (February 20, 1989), p.72.

16 Robert Chaut, "The Well-Managed Thrift: Five Success Stories," *The Bankers Magazine* (July-August 1989), pp. 35, 38.

17 Ibid.

18 Harlan Byrne, "Practicing Thrift, Austerity Pays Off for a Midwestern S&L," *Barron's* (September 21, 1987), p.15.

19 David Elbert and Harriet Johnson Brackey, "Slow Growth Was the Key to Survival," *USA Today* (February 15, 1989), pp. B1, B2.

20 Martha Brannigan and Alexandra Feers, "S&L's Art Collection, Orderded to be Sold, Faces Skeptical Market," *Wall Street Journal* (October 18, 1989), pp. I, A12.

감사의 글

이렇게 또 새로운 판을 내게 되어 개인적으로 정말 기쁘게 생각한다. 이 책의 제1판이 나온 후 20년에 걸쳐서 용기와 정보를 주시고 건설적인 충고와 비판을 해주신 모든 분들께 감사드린다. 이 책이 성공할 수 있도록 도와주신 모든 분들도 자신이 몸담고 있는 분야에서 성공하시기를 진심으로 바란다. 감사드리고 싶은 분들이 너무도 많은데, 혹시 아래에 이름이 빠져 있는 분들이 계시다면, 다음 판에는 꼭 이름을 넣어 감사드릴 것을 약속드린다.

신시내티대학의 비벌리 앤더슨, 노트르담의 Y. H. 후루하시, 앨라배마-버밍엄대학의 W. 잭 던컨, 델마칼리지의 마이크 팔리, 마이애미대학의 조셉 W. 레너드, 뉴헤이븐대학의 압바스 나딤, 피닉스대학의 윌리엄 오도넬, 뉴멕시코대학의 하워드 스미스, 미시건대학의 제임스 월터, 캘리포니아주립 공과대학의 버논 R. 스터블, 파크랜드칼리지의 도나 기어츠, 세인트조셉대학의 돈 한툴라, 오번대학의 밀턴 알렉산더, 앨라배마대학의 제임스 F. 캐쉬먼, 페리스스테이트대학의 더글러스 워즈니악, 비스마르크스테이트칼리지의 그렉 바크, 웨슬리언칼리지의 글레나 도드, 와이오밍대학의 앤소니 맥갠, 코스탈캐롤라이나대학의 로버트 D. 네일, 앰버대학의 로버트 H. 보토, 다니엘웹스터대학의 돈 페이건, 머서대학의 앤드류 J. 데일, 탈튼스테이트대학의 새뮤얼 헤이즌, 잭슨빌스테이트대학의 마이클 B. 맥코믹 등 협조와 충고를 아끼지 않으신 모든 동료 교수들에게 다시 한 번 감사하다는 말씀을 전한다.

또한 셜리 앤드 바네트 헬즈버그 재단의 바네트 헬즈버그 주니어에게 감사드린다. 클리블랜드 주립대학의 동료들인 에프라임 스미스 학장과 도널드 스코튼, 람 라오, 샌포드 제이콥스, 앤드류 그로스, 베노이 조셉 교수에게도 감사드린다. 마지막으로 와일리 앤드 선즈 출판사 관계자 여러분인 리처드 블랜더, 팀 켄트, 엘렌 포드, 브렌트 고든, 제프 마샬 씨에게 감사의 말씀을 전한다.

로버트 F. 하틀리
클리블랜드 주립대학 명예교수
클리블랜드, 오하이오
FHartley@aol.com

당신은 지혜로운 사람입니다

현재의 모습에 연연하지 않고
무한한 미래의 가능성을 향해 마음을 열고 기다릴 줄 아는 당신,
자신이 하고 싶은 말을 하기보다는
다른 사람의 이야기에 조용히 귀 기울일 줄 아는 당신,
대박의 환상, 성공한 이들의 화려함에 취하지 않고
진정한 최후의 승자가 되기 위해
다른 이들의 실패를 타산지석으로 삼을 줄 아는 당신,

당신은 진정 지혜로운 사람입니다.

여기, 당신을 위한 '실패에서 배운다' 시리즈가 있습니다

아인앤컴퍼니는 도서 판매 수익금의 1%를 '사랑의 열매'에 기부하고 있습니다.

EIN and Company 경영실패사례집 시리즈 '실패에서 배운다'

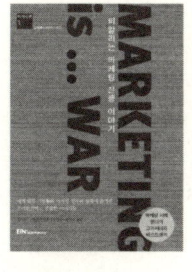

마케팅편 1

Marketing is War 피말리는 마케팅 전쟁 이야기

로버트 F. 하틀리 지음 | 김민주·송희령 옮김 | 692쪽 | 24,500원

일류 기업들의 운명을 가른 마케팅 성공과 실패 사례

- 펩시콜라와 코카콜라의 콜라 전쟁에서 최후의 승자는 누가 될까?
- 보잉과 에어버스의 항공기 전쟁은 과연 누구의 승리로 끝날까?
- 컨티넨털항공은 어떻게 목숨을 건지고 부활할 수 있었을까?
- 거대공룡기업 IBM은 어떻게 도태의 위기를 넘길 수 있었을까?
- 페리에는 위기를 어떻게 잘못 관리하여 약해진 것일까?
- 패스트푸드업계의 거인 맥도날드는 왜 휘청거리게 되었을까?
- 무엇이 월마트를 세계 최대의 유통업체로 만든 것일까?
  등 30여 가지 사례 수록.

삶의지혜편 1

지금 당장 버려라

마크 고울스톤 · 필립 골드버그 지음 | 서영조 옮김 | 260쪽 | 10,500원

자기도 모르는 사이에 스스로를 망치는 행동습관 40가지와
그것을 버리는 방법

- 남들이 자신의 기분을 알아줄 거라고 기대한다
- 너무 늦을 때까지 기다리다 때를 놓친다
- 충동적으로 화를 내는 바람에 일을 더 망친다
- No라고 말하고 싶은데 Yes라고 말한다
- 미래에 대한 두려움 때문에 지나치게 안전을 추구한다
- 실수로부터 배우려 하지 않는다
- 변화를 원하면서도 노력하기보다는 운에 의존한다
  등 40가지 행동습관과 그것을 버리는 방법

리더십편 1
당신을 성공으로 이끄는 1% 리더십

데이비드 도트리치 · 피터 카이로 지음 | 서영조 · 정지연 옮김 | 232쪽 | 11,500원

무엇이 승승장구하던 CEO들을 실패로 몰고 갔을까?
리더를 실패로 몰고 가는 내면의 11가지 함정과 그 해결책

- 자만심의 함정 "나만 옳고 다른 사람들은 모두 틀려!"
- 다혈질의 함정 "언제 어디로 튈지 모르는 예측불허의 당신!"
- 지나친 신중함의 함정 "도대체 언제 결정을 내릴 건지!"
- '정치성'의 함정 "겉으로는 Yes, 속으로는 No. 어쩌란 말이야?"
- 완벽주의의 함정 "큰일은 잘못되어도 사소한 일은 완벽하게!"

1% 리더십이란?

- 성공하는 리더로서의 자질과 능력을 99% 갖췄으면서도 가장 중요한 1%인 자기 내면의 함정을
극복하지 못하면 실패하는 리더가 되기 마련입니다.

국제경영편 1
My Life, My Gas 나의 인생, 나의 방귀?

데이비드 릭스 지음 | 정지연 옮김 | 232쪽 | 11,500원

제3자에게는 재미있지만 당사자에게는 곤혹스러운
국제 비즈니스에서의 황당한 실수들

- 제품 생산에서의 실수
- 작명상의 실수
- 마케팅상의 실수
- 번역상의 실수
- 경영관리상의 실수
- 경영 전략상의 실수
- 기타 문제점들

경력관리편 1
불황기엔 경력관리에 모든 것을 걸어라

로나 오코너 지음 | 서영조 옮김 | 304쪽 | 12,500원

"지금 있는 회사에서 성공하지 못하면 어디에서도 성공하지 못합니다"
성공적인 경력관리 노하우 10가지

- 불평분자에서 긍정적인 인재로 거듭나기
- 피하지 말고 갈등에 당당하게 맞서기
- 상사를 나의 후견인으로 만들기
- 상생의 정치적 기술 익히기
- 프로다운 이미지 구축하기
- 스트레스 효과적으로 관리하기
  등 경력관리 노하우 10가지

창업편 1
자기사업의 성공, 실패에서 배워라

엘리자베스 K. 피셔 지음 | 박완신 옮김 | 184쪽 | 9,500원

자기사업을 성공적으로 이끌어가기 위해 피해야 할
12가지 실수와 그 실수를 피하는 방법

- 친구와 거래하지 마라
- 거절할 줄 아는 것도 힘이다
- 가격, 내리기는 쉽지만 올리기는 어렵다
- 계약서 없이는 거래를 시작하지 마라
- 커뮤니케이션은 아무리 해도 지나치지 않다
- 사후점검을 게을리 하지 마라
  등 12가지 실수를 피하는 방법